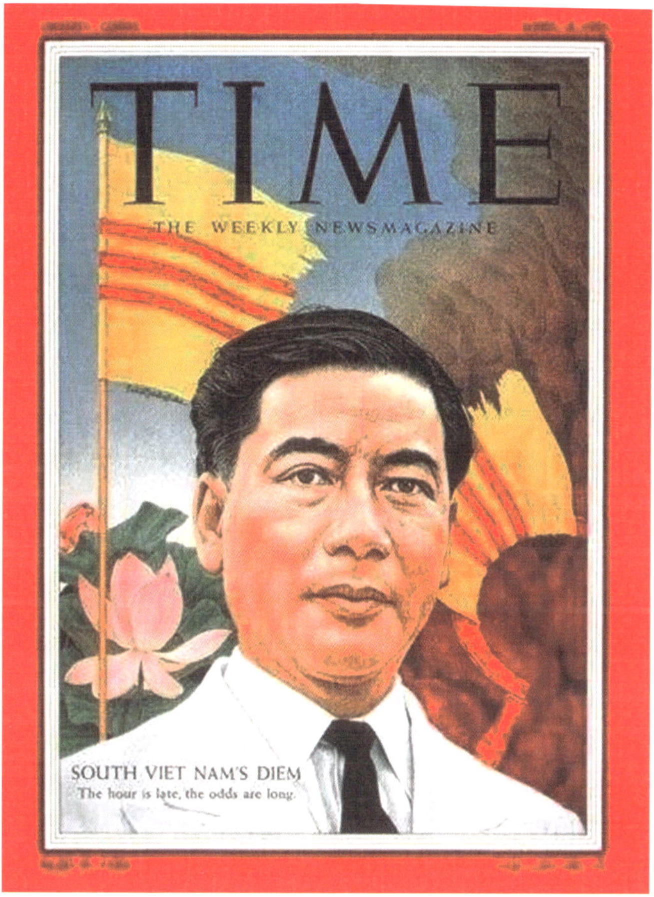
TIME
THE WEEKLY NEWSMAGAZINE
SOUTH VIET NAM'S DIEM
The hour is late, the odds are long.

南大亚太论丛·美国海外隐蔽行动研究系列
主编 石斌

美国颠覆吴庭艳政权的隐蔽行动

程晓燕 著

南京大学出版社

《南大亚太论丛》

主　　办　南京大学亚太发展研究中心

学术委员会（以姓氏拼音排列）
蔡佳禾（南京大学中美文化研究中心）
蔡永顺（香港科技大学人文社会科学院）
陈志敏（复旦大学国际关系与公共事务学院）
樊吉社（中国社会科学院美国研究所）
洪银兴（南京大学商学院）
孔繁斌（南京大学政府管理学院）
沈志华（华东师范大学周边国家研究院）
石　斌（南京大学亚太发展研究中心）
石之瑜（台湾大学政治学系）
时殷弘（中国人民大学国际关系学院）
孙　江（南京大学学衡研究院）
王月清（南京大学哲学系）
阎学通（清华大学国际关系研究院）
张凤阳（南京大学政府管理学院）
朱庆葆（南京大学历史学院）

编辑委员会：
　主　编：石　斌
　副主编：李里峰　毛维准
　成　员：祁玲玲　舒建中　赵光锐　吴小康　宋文志

《美国海外隐蔽行动研究系列》

编辑部：

主　编：石　斌
副主编：毛维准　舒建中
成　员：赵光锐　葛腾飞

《南大亚太论丛》总序

"南京大学亚太发展研究中心"得于2016年夏初创设并渐次成长,"南京大学亚太发展研究基金"之专项全额资助,实乃一大助缘、大善举;众多师友、同道的鼓励、扶持乃至躬身力行,同样厥功至伟。

此一学术平台之构建,旨在通过机制创新与成果导向,以国际性、跨国性与全球性议题为枢纽,将人文社会科学诸领域具有内在关联之学科方向、研究内容与学术人才,集成为国际关系、国家治理、经济发展、社会文化等多个"研究群",对大亚太地区展开全方位、多层次、跨学科研,并致力于承担学术研究、政策咨询、人才培养、社会服务与国际交流等功能。

所谓"亚太",取其广义,乃整个亚洲与环太平洋地区之谓。不特如此,对于相关全球性问题的关切,亦属题中之义。盖因世界虽大,却紧密相连。值此全球相互依存时代,人类命运实为一荣损相侪、进退同步之共同体,断难截然分割。面对日益泛滥的全球性难题,东西南北,左邻右舍,各国各族,除了风雨同舟,合作共赢,又岂能独善其身,偷安苟且?所谓"发展",固然有"政治发展"、"经济发展"、"社会发展"等多重意蕴,亦当有"和平发展"与"共同发展"之价值取向,其理亦然。

吾侪身为黉门中人,对于大学之使命,学人之天职,理当有所思虑。故欲旧话重提,在此重申:育人与问学,乃高等教育之两翼,相辅相成、缺一不可。大学之本是育人,育人之旨,在"养成人格",非徒灌输知识、传授技能;大学之根是学问,学问之道,在"善疑、求真、创获"。二者之上,更需有一灵魂,是为大学之魂。大学之魂乃文化,文化之内核,即人文价值与"大学精神":独立、开放、理性、包容、自由探索、追求真理、秉持理想与信念。大学之大,盖因有此三者矣!

南京大学乃享誉中外之百年老校,不独底蕴深厚、人文荟萃,且英才辈出、薪火相续。于此时代交替、万象更新之际,为开掘利用本校各相关领域之丰厚学术资源,凝聚研究团队,加强对外交流,促进学术发展,展示亚太中心学术同仁之研究成果与学术思想,彰显南京大学之研究水平与学术风格,我们在《南大亚太论丛》、《现代国家治理》、《人文亚太》、《亚太艺术》等学术成果已相继问世的基础上,决定再做努力,编辑出版《南大亚太论丛》。

海纳百川,有容乃大。自设门户、画地为牢,绝非智者所为。所谓"智者融会,尽有阶差,譬如群流,归于大海",对于任何社会政治现象,惟有将各种研究途径所获得的知识联系起来,方能得到系统透彻的理解,否则便如朱子所言,"见一个事是一个理",难入融会贯通之境。办教育、兴学术,蔡元培先生主张"囊括大典,网罗众家,思想自由,兼容并包"。《论丛》的编纂,亦将遵循此种方针。

故此,《论丛》之内容,并不限于一般所谓国际问题论著。全球、区域、次区域及国家诸层面,内政外交、政治经济、典章制度与社会文化诸领域的重要议题,都在讨论范围之内。举凡个人专著、合作成果、优秀论文、会议文集,乃至特色鲜明、裨利教学的精品教材,海外名家、学术前沿的迻译之作,只要主题切合,立意新颖,言之有物,均在"网罗"、刊行之列。此外我们还将组织撰写或译介各种专题系列丛书,以便集中、深入探讨某些重要议题,推动相关研究进程,昭明自身学术特色。

要而言之,南京大学亚太发展研究中心所执守之学术立场,亦即《论丛》之编辑旨趣:一曰"本土关怀,世界眼光";再曰"秉持严谨求实之学风,倡导清新自然之文风";三曰"科学与人文并举,学术与思想共生,求真与致用平衡"。

一事之成,端赖众力。冀望学界同仁、海内贤达继续鼎力支持、共襄此举,以嘉惠学林,服务社会。值出版前夕,爰申数语,以志缘起。

石　斌
2018 年元旦于南京

主编的话

世界政治波谲云诡、错综复杂。自现代民族国家体系成型以来,国家间关系的常态始终是共识与分歧、合作与冲突、妥协与竞争并存,绝对的和谐或绝对的冲突,都不符合实际。就国际竞争而言,国家可能采用的战略手段与对外政策工具多种多样,有的温和、友好,有的则带有敌意与攻击性;有的公开透明,有的则秘而不宣。既不友好也不公开的对外活动,一般还被统称为"隐蔽行动"。"隐蔽行动"同样种类繁多,按照学术界的一般看法,至少可分为隐蔽宣传行动、隐蔽政治行动、隐蔽经济活动、准军事行动等类型。

对外隐蔽行动,尤其是二战后以来美国等西方国家的对外隐蔽行动,是国际关系史研究,特别是冷战史研究的一个重要领域。这类课题在欧美学术界既属于军事与战略情报史研究的范围,也是国际关系和外交史研究的对象。保罗·肯尼迪、厄内斯特·梅、理查德·伊默曼、约翰·路易斯·加迪斯等著名战略学、国际政治学或国际关系史学者,或多或少都曾从事过这方面的研究和论述。较之西方学者对这一主题的持续关注及其不断问世的大量论著,中国学者所做的努力虽然比过去多了一些,但还非常有限,差距也很明显。

西方大国在冷战时期遍及全球的隐蔽行动,是其对外战略与对外政策的一个重要组成部分。以美国中央情报局等部门为主所进行的对外隐蔽活动,包括对他国的秘密干涉与颠覆活动,以及政治战、心理战、宣传战等等,是美国对外政策与对外行为的一个重要而又特殊的侧面,更是美国冷战政策的一大"特色"。然而过去由于文献史料方面的限制,人们往往一知半解,难闻其详。就冷战时期的相关问题而言,欧美学者从自身的立场和观察角度所得出的结论,自然也需要加以分辨,未可照单全收。自冷战结束以来,美国等东西方相关国家陆续开放了许多原始档案文献,这使我们有可能借助更为全面和可靠的材料,揭开隐蔽活动的神秘面纱,打破陈说、道听途说或西方学者的一家之言,进一步揭示历史真相,弥补国内相关学术空白或研究短板,拓展国际关系和外交史研究的论题与视域,从而对战后以来的国际关系和有关国家的对外政策获得更加全面的认识。

因此,我们决定首先从一些与美国有关的典型案例入手,组织一批来自军队与地方高等院校、科研机构的国际战略、国际关系或外交史学者,共同编纂"美国海外隐蔽行动"专题研究系列。

为了实现此项研究的初衷,在研究目标、学术规范与编写体例等方面保持必要的一致性,我们希望各位

作者在研究和写作的过程中,尽可能遵循以下几项原则:

其一,就研究性质而言,这套系列丛书属于历史案例研究("案例"在此可以较为宽泛地理解为具有典型意义的事件、政策、计划、行动或议题),研究对象与主题非常明确,故要以叙事为主,议论为辅,紧扣主题,突出重点,主要靠事实与证据说话。

其二,就研究目的而言,要联系相关国际与国内背景,尽可能准确描述事情的来龙去脉,尤其是美国政府有关政策或计划的决策与实施过程,以说明其动因、目标与得失,反映该案例的性质、特点、影响及其相对于其他类似案例所具有的独特性与认识论价值;此外还要注意揭示美国海外隐蔽行动与美国冷战战略、国家安全战略或地区战略之间的联系,并就美国对外政策与对外行为的一些重要特点或一般规律提出中国学者的独立见解。

其三,在研究方法上,要严格遵循外交史或国际关系史研究之学术规范,立足翔实、可靠的外交档案文献和其他第一手资料,尽可能还原历史真相,纠正错误认识,并力求反映国内外最新研究成果。

其四,在写作风格上,不妨在注重学术性与思想性的同时,兼顾趣味性与可读性,俾使学术著作能够走出书斋,走向大众,为更多的人所赏阅。故篇幅宜短小精悍,语言要简洁生动,惟陈言、赘语、套话之务去。以厘清事情之原委、揭示问题之实质为首要目的,不必连篇累牍,任意敷衍,徒增读者负担。当然,在符合研究宗旨,遵循基本规范的前提下,作者可以,也应该有自己的叙事、行文与思想风格。

最后需要说明的是,美国作为一个全球性大国,一向热衷海外干涉,其对外隐蔽行动的频率之高、事例之多、影响之大,并世无双。限于研究能力,我们目前所选择的十数个分析案例仅仅是其中一小部分,如果条件允许,还可以逐步扩充。而且,就整体考察乃至战略与理论层面的探讨而言,历史案例研究也还只是一项基础性工作,今后还有大量的工作要做。因此,我们非常希望有更多对此项课题感兴趣的学术同行加入我们的研究队伍。对于此项工作中所存在的缺点与不足,也真诚欢迎学界同仁予以批评和指正。

2018年1月20日

目 录

绪 论 001

第一章 乱世总理 019
    第一节 吴庭艳其人 021
    第二节 流亡美国 033
    第三节 回归之路 042

第二章 剑指南越 061
    第一节 彼岸"来客" 063
    第二节 反共"建国" 082
    第三节 使团争吵 103

第三章 反共试验田 131
    第一节 农村治理 133

第二节　特务政治　　　　　　　　　　151
　　第三节　白色恐怖　　　　　　　　　　159

第四章　日暮途穷　　　　　　　　　　　　165
　　第一节　难以为继　　　　　　　　　　167
　　第二节　垂暮之音　　　　　　　　　　185
　　第三节　佛教徒"危机"　　　　　　　　196

第五章　中央情报局与政变　　　　　　　　241
　　第一节　兰斯代尔　　　　　　　　　　244
　　第二节　反对"换马"　　　　　　　　　259
　　第三节　"报复理查森"　　　　　　　　272

第六章　末日来临　　　　　　　　　　　　305
　　第一节　孤掌难鸣　　　　　　　　　　307
　　第二节　阴谋交织　　　　　　　　　　322
　　第三节　喋血西贡　　　　　　　　　　345

结语　　　　　　　　　　　　　　　　　　377

参考文献　　　　　　　　　　　　　　　　379

后记　　　　　　　　　　　　　　　　　　393

绪 论

1963年,肯尼迪政府在南越的"反叛乱战争"陷入进退两难之际,南越吴庭艳(Ngo Dinh Diem)政权被军事政变推翻,幕后推手不是别人,正是美国。美国不插手,政变就不可能发生,当然,它对之予以否认。驻西贡大使亨利·卡伯特·洛奇(Henry Cabot Lodge)1964年在接受记者采访时公开表示:"美国没有卷入推翻吴庭艳政府的政变,那完全是越南人的事务。"[①]有一个人站出来予

---

① Frederick Nolting, *From Trust to Tragedy: The Political Memoirs of Frederick Nolting*, *Kennedy's Ambassador to Diem's Vietnam*(弗雷德里克·瑙尔汀:《从信任到悲剧:肯尼迪派任的吴庭艳时期越南大使弗雷德里克·瑙尔汀回忆录》),New York: Praeger,1988,p.xv.

以反驳,他就是洛奇的前任弗雷德里克·瑙尔汀(Frederick Nolting)。20多年后,他在回忆录里这样说道:"这一否认现在看来只是并不体面的官方政策的应声虫。"即便如此,瑙尔汀也仅仅承认美国起了"鼓励"政变的作用,"当政变发生时,我们的高级官员说美国与此无关,我想那是无法推脱的"。① 1971年,美国统治集团内部越战共识破裂,美国东部权势集团为迫使尼克松政府停战,将精心编撰而成的《五角大楼文件》公之于众,这就是轰动世界的五角大楼文件案。即使在这样的背景下,《五角大楼文件:1963年推翻吴庭艳》都是无关痛痒的言辞,洋洋洒洒万言,却对推翻吴庭艳的真正原因不着一字,无非要表明美国本无意造成那样一个局面。2009年,美国中央情报局历史学家小托马斯·L.埃亨(Thomas L. Ahern, Jr.)根据中情局解密档案编写的《中情局和吴庭艳家族:南越隐蔽行动1954—1963》一书,是

---

① Frederick Nolting, *From Trust to Tragedy*, p.140.

迄今为止较为详尽,当然也是较为难得的与政变直接有关的材料,但也隐去了一些关键信息。因此,有关美国推翻吴庭艳的政变的幕后隐情长期以来史实不详。国内学者对这一事件的讨论也不胜寥寥。著名学者时殷弘在其90年代初的《美国在越南的干涉和战争》中尽可能地描述了1963年南越政变的大致过程,虽错漏在所难免,但在这之后,难得一见具有价值的讨论。①

毋庸置疑,美国在越南的失败构成了美国霸权的一次具有深远意义的重大挫折,而追本溯源,推翻吴庭艳政权是美国越南政策的一大转折点。在吴庭艳被赶下台的当年,总统约翰逊把倒吴政变称作"我们有史以来犯过的最糟糕的错误",参议院多数党领袖迈克·曼斯菲尔德(Mike Mansfield)在美国驻南越人数接近20万的1965年,遗憾地叹息道:"我们正在为除掉吴庭艳总统付出代

---

① 国内学界有关这场政变的文章详见本书第244页脚注1。

价。"这些说辞貌似检讨,实乃兔死狐悲之感。官方的这种论调也反映在学术讨论中。一些历史学家这样认为,"如果美国继续其'和吴庭艳共存亡'的政策,越南后来发生的事情可能将有巨大的不同"。例如,拉尔夫·史密斯(Ralf Smith)认为"驱除吴庭艳打开了潘多拉盒子,很快就完全超出了美国的控制范围",吴庭艳是美国最大的希望,继续实验下去本可以取得美国在冲突中的胜利。其他学者以为,"美国即使不能打赢,留着吴庭艳也不会有其后灾难性的后果",因为如艾伦·海默(Ellen Hammer)就指出,吴庭艳"永远不会同意送来 50 万美国人在他的国土上打仗"。塞思·雅各布斯(Seth Jacobs)虽然不赞成上述看法,他批评说,"即使是吴庭艳的朋友们在 1955—1962 年南越进展报告中也承认吴庭艳的国家是个'永远的乞讨者',吴庭艳从未能在组织上、意识形态上与共产党相竞争",但是,他似乎并不否定美国对越南的干涉,"如果再持续试验几年,恐怕维持一个反共的南越仍然需要庞大的美国军队存在"。① 显而易见,学术研究合着官方政策基调起舞,与之如出一辙。

一般情况下,美国学界与官方的立场是不一致的,尤其在越战研究领域,一贯是持批评态度,并以此为前提对越战的起源展开讨论,形成了对越南战争的主导或正统诠释(predominant or orthodox interpretation),即把美国卷入越南看作"悲剧性的巨大错误",批评的立场似乎已经很清楚了。但依笔者见却不尽然——"悲剧"这个词的使用看起来很辩证,其实是打圆场的手法,与其说是批评,不如说是辩护。对这样的批评,官方在政治上还是可以容忍的。因此,学术思潮与官方立场相呼应也就不足怪了。②

---

① Seth Jacobs, *Cold War Mandarin: Ngo Dinh Diem and the Origins of America's War in Vietnam, 1950-1963*(塞思·雅各布斯:《冷战权贵:吴庭艳和美国越南战争的起源,1950—1963》), Lanham: Rowman & Littlefield Publishers, Inc., 2006, pp.186-187.
② 关于美国越战研究的评论参见程晓燕《美国越战研究的学派分野》,《史学月刊》,2017年第9期。

要搞清楚美国为什么推翻吴庭艳,就要从这样一个问题开始,即美国为什么支持吴庭艳。对此,学者大致有三种解释。第一,最普遍的看法,视美吴同盟为冷战的产物。为遏制苏联共产主义的扩张,20世纪50年代初,美国依赖法国对付越盟,法国失败撤出印支后,美国需要一个新的代理人,吴庭艳坚定的反共立场对美国是不可抗拒的。

第二,经济动机。尽管东南亚并不是原材料主要供应地,也不是吸纳美国商品的巨大市场,但决策者仍然视该地区对建立、维护全球自由秩序非常重要,尤其对利用和东南亚国家的贸易纽带促进核心盟国英国的复兴更感兴趣。

第三,从一般意识形态和文化角度加以理解。持这种观点的学者承认地缘政治和经济因素的重要性,但他们更看重种族和宗教的影响。借助文化、文学这样跨学科的研究方法,他们认为美国关于吴庭艳的关键政策是由种族主义者和东方学者眼中亚洲人需要极权政府这样的设定塑造出来的。他们还认为吴庭艳天主教徒的身份对美国是充满吸引力的。

爱德华·米勒(Edward Miller)在其晚近的著作《错误的同盟:吴庭艳、美国和南越的命运》中提出,上述解释尽管论之有据,但无论是单拎出来还是综合起来看都说服力不强,它们都模糊了研究国际政治的一个关键问题,即意外或偶然性因素。正如弗雷德里克·洛格沃尔(Frederick Logevall)指出的,结构性解释经常使华盛顿的行动看上去都是意料之中的结果,其实许多决策,包括那个最具影响力的决策在官僚机构中分歧巨大。① 赞同米勒主张的学者认为,不能否认冷战深深影响了五六十年代双方的思维,吴庭艳抱有的和美国共同的反共信念是双方建立同盟的基础,然而,他们因遏制共产主义达成的一致并没有阻止美国和吴庭艳政权经常就一系列其

---

① Edward Miller, *Misalliance: Ngo Dinh Diem, the United States, and the Fate of South Vietnam*(爱德华·米勒:《错误的同盟:吴庭艳、美国和南越的命运》), Cambridge, MA: Harvard University Press, 2013, p.9.

他问题和议程产生分歧和冲突,用冷战来解释同盟为什么建立和其后的波折是必须的,但也是不充分的。① 戴维·埃克布拉德(David Ekbladh)、文安立(Odd Arne Westad)和尼克·卡拉瑟(Nick Cullather)等人不无神圣地以为美国对第三世界的兴趣不是出于冷战,冷战只是给了美国先前力促亚非拉社会转型的努力以新的助力。②

美国对外关系史专家早就指出,美国人经常讲他们

---

① Matthew Connelly,"Taking Off the Cold War Lens: Visions of North-South Conflict during the Algerian War for Independence"(马修·康内利:《移开冷战的滤镜:阿尔及利亚独立战争期间的南北冲突面面观》),*American Historical Review*(《美国历史评论》),Vol.105,No.3,June 2000,pp.739-769.

② David Ekbladh,*The Great American Mission*(戴维·埃克布拉德:《伟大的美国使命》),Princeton,NJ:Princeton University Press,2009;Odd Arne Westad,*The Global Cold War: Third World Interventions and the Making of Our Times*(文安立:《全球冷战:第三世界的干涉和我们时代的塑造》),New York:Cambridge University Press,2005;Nick Cullather,*The Hungry World: America's Cold Battle Against Poverty in Asia*(尼克·卡拉瑟:《饥饿的世界:美国在亚洲反饥饿的严酷战斗》),Cambridge,MA:Harvard University Press,2010.

渴望把南越建成一个稳定、强大、繁荣的社会。近来的大多数越战研究者把美国建设南越的活动视为美国在东南亚追求其地缘战略目标的一个边缘演出(side-show)。而米勒与其他人都不同的观点是,建设现代国家的理念和议程在华盛顿与吴庭艳关系的形成、演变和崩解的过程中起到了核心作用。① 在米勒看来,美国一厢情愿地努力把南越建成一个现代化国家,结果发现自身的设计经常遭到越南人的抵制,因为后者对此有自己的想法。因此,1954—1963年的"建国"时期,更多的是美国试图驾驭一个代理人政府。考察这些就需要关注越南人的行为、思想和抱负,当然首先要从吴庭艳开始。

在越战史学史中,吴庭艳是最需要重新加以审视的人物。早在1963年吴庭艳被推翻之际,就有评论指出:"几乎关于吴庭艳的著述不是彻头彻尾不负责任地唱赞

---

① Edward Miller, *Misalliance*, p.12.

歌,就是充满偏见的谴责。"①传统的看法认为吴庭艳是美国的傀儡。尽管陆续披露的材料表明,吴庭艳更多时候置美国意见于不顾,但这种看法仍然持续不减。近来有观点认为,吴庭艳虽拒绝听从美国的建议,但对华盛顿感激涕零,因为华府把他摆放在权力中心;不妥协的同时,他也不能与之抗衡。学者们还一致认为,不管谁该为保证吴庭艳掌权负责,吴本人不过起到微不足道的作用。总之,吴庭艳可能一直是个"自己拉动绳索"的傀儡,但依旧是个傀儡。②另一个为人熟知的说法视吴庭艳为"传统"的产物。学者们以为,吴庭艳的行为和政策不是由他对华盛顿的依赖决定的,而是由他内心对后进观念的无望追求决定的。吴庭艳是天主教徒,但他对儒家思想由

---

① Bernard Fall, *The Two Vietnams: A Political and Military Analysis*,(伯纳德·福尔:《两种越南:政治和军事的分析》),2nd rev.ed.,New York: Praeger,1968,p.235.
② Seth Jacobs, *America's Miracle Man in Vietnam*,(塞思·雅各布斯:《美国在越战中的奇迹人物》),Durham: Duke University Press,2004,p.26.

衷地感兴趣。通过把吴庭艳东方化得以说明,他的命运是传统标准、价值观被现代化狂飙横扫过程中的必然结果。持这类观点的学者并不都对吴庭艳投以负面的评价,其中一些反倒认为他的传统品质是其最大的财富。米勒就史家对吴庭艳的各种评论一一做了点评,认为他们对吴庭艳的描述都基于错误的假设,从中得出的许多结论也都是错误的。针对"傀儡"说,米勒质疑道:"如果他是傀儡,美国人为什么希望他消失呢?"[1]至于吴庭艳的宗教观念,儒家思想与试图恢复过去几百年的实践毫无关系,他更感兴趣的是,如何运用宗教教义构建一个他相信适合越南发展的独特方式。吴庭艳1963年的惨败不是源于他决心奉行古老亚洲标准施政,相反,是由于他错误地相信他的建国计划前途光明,相信他正处在壮观的新胜利的门槛边缘。因此,米勒以为,"吴庭艳是一个雄心勃勃的现代化探索者和国家建设者"。[2] 和米勒一

---

[1] Edward Miller, *Misalliance*, p.14.
[2] Ibid., p.15.

样,雅各布斯也认为吴庭艳不但"不是傀儡,还是和胡志明(Ho Chi Minh)一样,狂热到愿意奉献出所有一切,终而为其国家福祉牺牲了生命的民族主义者",吴庭艳"的绝大多数继任者身上都有跟他一样的缺点,却很少具备他的优点——勇气、爱国、勤勉,最重要的是无私……他可能不让人爱,但没法不让人尊敬"。① 这些评价已经远不是溢美之词,颇有矫枉过正之嫌,正如米勒自己所言,无论吴庭艳的推崇者还是批评者都不能给予他应有的历史评价。②

就本书而言,笔者出于两个原因认为吴庭艳的确是需要重新加以审视的人物。首先,既不能不顾事实地一味贬低丑化,也不能标新立异转而同情甚至美化,极端都是有失公允的。其次,对吴庭艳这个重要历史人物的关注是美国越战研究试图突破"美国中心"(US-centric)论的一种表现,是学术创新的需要和必然。这些被称为新

---

① Seth Jacobs, *Cold War Mandarin*, pp.188, 186 - 187.
② Edward Miller, *Misalliance*, p.14.

生代的学者[1]打破"一边倒史学"(one-sided history)[2]的学术垄断,努力挖掘越南的材料,展示"战争的越南方面",包括"西贡背景的人"[3],当然值得肯定。然而,遗憾的是,迄今为止,美国越战史研究总体上还是未能脱离"美国中心"的窠臼,终究还是反映美国人的立场,他们依然一律视越南南方人民革命为"叛乱",仅此一点就足以表明,他们仍然是以美国的价值观为评判标准,反对殖民侵略的人民革命、民族解放和国家统一的主题在美国的越战史学中是根本不见踪影的。在这样的话语背景下,

---

[1] Lien-Hang T. Nguyen, "Reviewed work(s): *A Bitter Peace: Washington, Hanoi, and the Making of the Paris Agreement* by Pierre Asselin"(阮莲杭:《评皮埃尔·阿瑟林〈苦涩的和平:华盛顿,河内及巴黎协定的形成〉》), *The Journal of Asian Studies*(《亚洲研究》), Vol.63, No.1, 2004 Feb., p.127.

[2] Herring, G.C., "Lyndon Johnson's War?"(乔治·赫林:《林登·约翰逊的战争?》), *Diplomatic History*(《外交史》), Vol. 21, No. 4, 1997 Autum, p.649.

[3] David Hunt, "Untitled Review"(戴维·亨特:《未冠题的评论》), *The American Historical Review*(《美国历史评论》), Vol. 101, No. 2, 1996Apr., pp.545-546.

针对吴庭艳政权的任何探讨都唯叙事层面,而非指向伦理层面,即使有,也只是叹息美国关于亚洲的使命如何悲壮,而从未站在越南人民的立场上——他们永远也不可能找到所谓"越战悲剧"的答案。这也正是美国至今不愿承认是它一手促成了吴庭艳政权的垮台,反倒千方百计遮掩的原因所在,不知道"一个大国为什么会走错路",[①]这才是真正的悲剧。

本书意图揭示美国颠覆吴庭艳政权的隐蔽行动,但不是一味讲述"美国人的战争"。在美国人笔下,吴庭艳政权被描述得肮脏透顶、黑暗腐败、素质低下,似乎美国要求的改良前景光明。这是言过其实的。即使晚近的研究对吴庭艳少了些偏见,也还是无法不表现美国的高大形象。实际上,美国对吴庭艳政权的种种不满和批评并不是它被推翻的主要原因,美国为达到继续赖在南越、干

---

① Divine, R. A., "Vietnam Reconsidered"(罗伯特·迪万:《越战再思考》),*Diplomatic History*(《外交史》),Vol. 12,No. 1,1988 Winter,p.92.

涉越南的目的就必须"换马"。推翻吴庭艳的政变虽然是美国一手操纵的,但熟悉这段历史的人不多。其中,两个问题很关键:

第一,中央情报局在政变中所起的作用。在一般人的想象中,如此秘密的活动非中情局所不为,事实上,中情局自高层到西贡站自始至终都反对取代吴庭艳,以至于喜好用权的大使难以容忍,挤走了西贡站站长。这场政变也成为中情局历史上唯一一次它极不赞成但必须执行的秘密行动。

第二,佛教徒危机的真相。1963年11月,吴庭艳政权被军人政变推翻前夕,南越爆发了声势浩大的佛教徒抗议运动。对集中体现了南越社会矛盾的这场抗议运动,至今缺乏深入、细致的讨论,除了吴庭艳在南越施以宗教迫害的内容,再无其他可言说。如果说吴庭艳是越战史中最需要重新审视的人物,那么,长期以来最有争议的人物之一就是释智广(Thich Tri Quang)。右派认为他很有可能就是为河内利益服务的代理人,左派学者主张他是致力于和平的宗教领袖。无论如何,释智广"在点燃这场最终导致吴庭艳在1963年11月被赶下台的危机并使其持续上发挥了主要作用,从这点上说,释智广在理解越南战争进程中的重要性几乎被低估了"。[1] 正如著名越战史学者乔治·赫林(George Herring)很久以前就指出的,"美国和南越之间的相互作用是汗牛充栋的越战著作中最不成熟的领域之一"。[2] 通过释智广和美国官员的谈话,我们可以看到他关于一系列问题的观点和信仰,这对理解南越佛教徒运动是不可或缺的资源,可以作为笔者就1963年佛教徒危机提出一些疑问的根据。

首先,释智广究竟是什么身份? 那场震惊了世界的

---

[1] James McAllister, "'Only Religions Count in Vietnam': Thich Tri Quang and the Vietnam War"(詹姆斯·麦卡利斯特:《"唯宗教在越南至高无上":释智广和越南战争》),*Modern Asian Studies*(《现代亚洲研究》), Vol. 42, No. 4, 2008, p.751.

[2] George Herring, "'Peoples Quite Apart': Americans, South Vietnamese, and the War in Vietnam"(乔治·赫林:《"截然不同的种族":美国人、南越人和越南战争》),*Diplomatic History*(《外交史》), Vol. 14, No. 1, 1990, p.1.

西贡街头僧人自焚事件无疑是经过精心策划的。之后,南越各地连续发生数起僧侣自焚,究竟谁是幕后主使?1963年8月21日,舍利寺遭到吴庭儒(Ngo Dinh Nhu)的武装特务部队袭击一事也存在疑点。舍利寺隔壁就是美国使团驻地,很难说美国事先不知情,即使的确一无所知,袭击开始时为什么坐视显然不利于吴庭艳且最终也使美国自己难堪的局面发生。其次,对袭击事件,吴庭艳知情吗?究竟是他还是吴庭儒下的命令?吴庭艳垮台后,南越佛教徒运动仍然持续了三年,这又做何解释?倘若上述问题不弄清楚,就不能说已有的讨论是严肃的。当然,主要囿于资料的不完整,笔者也未能一一加以清楚论证,但至少可以做一个大胆的推测:1963年南越佛教徒危机是美国搞垮吴庭艳的一场阴谋。

  笔者在研究过程中每每感到,史学研究最重要的一点就是史学大师陈寅恪主张的"问题意识"。缺乏深入的、强烈的问题意识,最终只能是无病呻吟,更遑论史学意义和价值。历史研究的意义和价值就在于树立正确的伦理观，明辨事物的是非曲直。美国越战史研究终究还是反映美国人的立场，反对殖民侵略的人民革命、民族解放和国家统一的主题在美国的越战史学中是根本不见踪影的。前美国历史学家协会主席戴维·安德森（David Anderson）在小布什政府干涉伊拉克之际曾发出这样的告诫："……对冲突的过程和结果起决定作用的是当地因素，无论美国的力量有多强大，理想有多崇高，它会以超出美国力量和理想的方式塑造其结果。美国外交关系历史学家已令人信服地表达了这个忠告，对拥有一支良好的历史学家队伍的理智国家来说，一场越战当足矣。"[1] 这可谓代表了美国学界对越战的终极反思。而这里要讲述的历史恰恰与之相对，如故事般充斥着傲慢和阴谋，人们将看见的不是什么美国的"悲剧"，而是越南的斑斑血泪。

---

[1] David Arderson, "One Vietnam War Should Be Enough and Other Reflections on Diplomatic History and the Making of Foreign Policy"（戴维·安德森：《一场越战已足够及其他有关外交史和外交决策的反思》），*Diplomatic History*（《外交史》），Vol.30, No.1, 2006 Jan., p.17.

I

第一章

乱世总理

第一节　吴庭艳其人

1963年11月1日,深秋的西贡街头,阳光懒散地透过茂密的树叶撒向地面,空气却令人燥热难耐,街上行人寥寥,世界仿佛沉寂了一般,再平常不过的一天,也应该没什么大事发生。就在中午时分,城市上空突然飘来一缕电波,消息霎时间传遍了大街小巷。顿时全城鼓炮齐鸣,人们像喝醉了一般,在大街上跳舞,他们把这一天当节日来欢庆。这一切都是因为吴庭艳见上帝去了!吴庭艳和他弟弟、弟媳的塑像都被打得粉碎,他们的画像也全被扯下来。最后,在西贡只有在一角钱的硬币上还能看得到前总统的肖像了。简直大快人心,黑夜似乎已经过去。一番欢庆宣泄之后,关于吴庭艳政权,似乎已经没有什么可说了。然而,往事并没有烟消云散。

吴庭艳1901年出生于越南阮朝的首都顺化。他的家族来自越南中部,在17世纪受葡萄牙传教士的劝导皈依天主教。这个家族祖上出身卑微,之前无一人获得过高级官职,直到他的父亲吴廷可(Ngo Dinh Kha)通过了科举考试,才得以跻身上流社会。吴廷可受过西式教育,上过天主教学校,是一位虔诚的天主教徒,带着成为神父的理想于19世纪晚期回到越南。他的语言能力吸引了刚刚建立的法国殖民当局,担任法国将军翻译,参加过对反对法国殖民统治的起义的镇压。这个经历再加上他多元的教育背景使他获得了顺化国家行政学院校长的职位。他的学生中有一位是年轻的阮氏王朝的皇帝成泰(Thanh Thai)。皇帝视老师为导师和顾问,吴廷可因此被提拔为法院大法官。吴廷可被认为是殖民当局的合作者,但他的内心并不赞成法国的做法,对法国宣称的"仁慈的殖民统治"持怀疑态度。总之,他有自己关于改革的目标。愤怒终于爆发了。1907年,法国人以精神错乱为理由,废黜了成泰皇帝。吴廷可愤而辞官归田,消息传开,反殖民主义者一片欢呼,纷纷称赞其爱国之举。表达对他的仰慕之情的人中有一个后来闻名全世界的年轻人,他叫胡志明。数年后,回忆起这位旧官僚,胡志明说了这样一句越南人的俗语:要赶走皇帝,先得赶走吴廷可。

家庭中,这样一个父亲是命令型的,他对年幼的吴庭艳影响很大。还是孩子的时候,吴庭艳就不爱吃鱼。可是,基督教徒每周五食鱼的习俗在这个家庭里是严格执行的,即使呕吐也必须咽下去。日常生活都如此严苛,更遑论其他。吴廷可对儿子的教育期望颇高。在父亲的坚持下,吴庭艳就读于顺化一所法国天主教小学。这所学校教授法语、拉丁语和古汉语。吴庭艳很快掌握了三门语言,学习刻苦勤奋,部分动力源于和两个哥哥的竞争。大哥吴庭魁(Ngo Dinh Khoi)长吴庭艳十岁,模仿父亲,学习行政,准备进入政府。二哥吴庭叔(Ngo Dinh Thuc)选择了父亲放弃的教职。吴庭艳一开始也想和二哥一样,十几岁时奉献于信仰的勇气表露无遗:每天都用数小时沉思和祈祷,即使后来不披长袍也一直保持这个习惯。15岁时,他继二哥之后,也进入广治一个神学院。但是,在几个月后就因那里的规矩太严而离开。在中学将要毕业时,因成绩优异而获取奖学金前往巴黎攻读神学,但他最终放弃了成为神职人员之路,前往河内,就读于行政学院。他一生中仅有一次陷入爱情,爱上了一位老师的女儿。由于她进入修道院,吴庭艳终身未婚。

1921年,吴庭艳以一等成绩毕业,继长兄之后成为一名公务员,担任承天和邻近的广治省的地方长官。十年中,他升职迅速,1930年,就在其30岁生日前夕,吴庭艳做了图富省的省长。他和法国军队合作,镇压了共产党组织的第一次农民暴动。在暴力事件中,许多村民遭到抢劫和屠杀。其反共信念之深仅此一事足以证明,这也使他获得了平顺省——南方一个更大、人口更多的省份的省长之位。吴庭艳平步青云离不开一个重要的关系,即兄长吴庭魁与内阁领袖、天主教徒阮友湃(Nguyen Huu Bai)之女的联姻。吴庭艳的宗教与家族背景给阮友湃留下了深刻印象。还有一个因素就是,20年代发展起来的越南天主教政治的推动,尤其是越南宗教界晚近的民族国家意识的兴起。

一战后不久,罗马的高级宗教领袖在殖民地的宗教管理层中采取本土化政策,最终在30年代使一些人第一批获得越南主教的职位。本土化对越南宗教精英来说不失为一种摆脱殖民地政府和清洗跟法国当局合作这一污点的途径。天主教民族主义的主要代表人物就是阮友湃。和吴庭艳父亲一样,他对法国拒绝给予越南更大的自治感到不满。自吴庭艳进入官僚部门,他的政治命运就和此人紧紧联系在一起。吴廷可死后,阮友湃尤为提携吴庭艳。1933年5月,法国殖民当局罢免了阮友湃的职务,但为了安抚他,又把与他关系密切的吴庭艳提升为内政大臣。得到任命后仅两个月,吴庭艳辞职了,并给保大(Bao Dai)皇帝写了一封措辞激烈的信。这些举动在河内和西贡亲阮友湃的报纸上被连篇报道,不管是不是天主教徒,都立刻把吴庭艳的辞职与其父20年前的举动联系起来。吴庭艳作为殖民当局的行政官员的生涯结束了,但作为天主教领导人和民族主义者声名鹊起。

辞职后,他仍住在顺化,并没有过起闲云野鹤的日子,作为阮友湃一派的成员继续参与法院政治,对法国人及越南亲法派惯以抨击的态度。以至于法院干脆剥夺了他的待遇,同时对其进行密切监视。在顺化,还住着一位让吴庭艳敬重的革命家,他就是著名爱国运动家潘佩珠(Phan Boi Chau),和后者的友谊对吴庭艳的思想影响尤为重要。

1904年5月,潘佩珠发起成立越南维新会,其宗旨是恢复越南独立。潘佩珠撰写了《越南亡国史》《海外血书》《哀越吊滇》等反法文章,1905年年初赴日本,先后结识梁启超、孙中山、章太炎等人,受梁启超、孙中山影响颇深;也与大隈重信、犬养毅、宫崎滔天等人有联系,以后多次来往于日本、中国之间,并秘密联系越南国内反法分子,组织青年学生赴日留学,掀起著名的东游运动。1908年11月间,日本政府下令解散越南留学生组织。潘佩珠和旅日的中国、朝鲜、印度、菲律宾等国革命者成立东亚同盟会；又与中国云南、广西留日学生组织桂滇越联盟会，以相互支援，共同反对帝国主义。1909年，潘被日本政府驱逐出境，来到广州。在辛亥革命的影响下，越南光复会于1912年2月成立，潘任总理，光复会经常派遣成员携带武器回国活动。1925年6月，潘佩珠在上海被法国特务绑架，押解回越南。法国殖民当局判他死刑，但又不敢执行，就将他软禁在顺化，在那里这位革命家度过了人生最后的15年。吴庭艳敬重作为革命家的潘佩珠，但更钦佩他的儒家哲学思想。两人经常讨论孔孟思想对当代政治、社会问题的适切性。潘呼吁建立新儒教经文学校，经常和越南知识分子讨论复兴儒教的问题。他的主张受到一些批评，批评者认为儒家思想已经过时，另一些人虽捍卫儒家思想，但仅限于视之为个人道德修养的标准。吴庭艳完全赞成潘佩珠的理念，依其天主教徒身份而言，这不能不说有点怪异，也让人不能不怀疑他对潘的崇拜追随是不是政治上的利用，即利用潘的声望为自己做些点缀。然而，吴庭艳成长过程中的确受到父亲的影响,后者作为天主教徒每天早晨带领全家去望弥撒,但他确信他的儿子们也应当受儒家思想熏陶,吴庭艳接近潘也显得很自然,不能完全说是惺惺作态。这个资深反殖民主义活动家赞扬这个忘年交是"一个真正伟大的人物"。①

尽管反殖民主义情绪在印支如火如荼,但法国殖民当局的末日似乎还遥遥无期。如果吴庭艳要找到回归政治舞台的途径,他不仅仅需要一个民族主义者的形象和信念,他还需要同盟,这条路比他预计的要漫长而艰难得多。随着太平洋战争的爆发,印支内部的政治形势正发生剧烈的变化。1940年7月,日本提出借印支北部用作与中国交战的驻扎区,法国面对这一最后通牒感到沮丧却别无选择。法国维希傀儡政府既无手段也无决心与日本在印支交战,勉强接受了这个要求。作为回报,日本同意法国殖民当局维持现状,这个不寻常的安排一直持续

---

① Edward Miller, *Misalliance*, p.27.

到日本投降。对吴庭艳和其他许多越南民族主义者而言,日本的到来是挑战法国的新机遇。

日本国内反对维持法国在越南统治现状的人自诩为理想派,希望尽快取代法国,在日本保护下建立新的越南国,因此极力笼络一些越南人,他们选中的目标是一个流亡在日本的老亲王——刚第(Cuong De)。吴庭艳长期以来视日本为渴望摆脱法国统治的越南的榜样,他认为日本理想派的目标跟自己的目标一致,便主动向日本靠近,并试图与刚第亲王组成联盟,尽管他还没有与之见过面。吴庭艳还创建了一个秘密政党:大越复兴党。1944年夏天法国人发现这个政党的存在时,宣布吴庭艳为颠覆分子,准备逮捕他。吴乔装成一名日本军官逃到西贡,在日本的军事保护下生活了几个月。此时,日本在太平洋战场上节节败退,绝望之下,理想派准备搞一场政变,扶植刚第亲王坐上皇帝宝座,让吴庭艳担任总理。懦弱无能的保大接受了日本人的"推举"。但吴庭艳又一次拒绝了,保大任命吴庭艳本就勉强,索性顺水推舟任命了另一人。吴庭艳后悔这个决定已经迟了,他自以为以退为进是一步好棋,却错失了谋求了那么久的一个机会。①不过,这也未必不是好事,起码得以避免了卖国贼的污名。然而,这种自作聪明不是一时兴起,从后来的情况来看,这是其性格使然,为他后来惨死埋下了伏笔。

1945年9月,越南民主共和国②成立,作为领导越南民族独立解放运动的越盟决不会同意老牌殖民主义者法国重返印支,双方遂举行谈判。至1946年年底,谈判破裂。面对这一形势,吴庭艳等非共力量既不希望看到一个恢复起来的殖民政权,也不愿加入越盟,幻想充当第三支力量。整个40年代,吴庭艳都在暗中试图整合这股力量,却收效甚微。这其中固然有法国殖民当局的破坏,但更重要的是,吴庭艳所能聚拢的主要是天主教徒。越南天主教徒很多都是亲法的,特别是上层,不少人还具有法

---

① Edward Miller, *Misalliance*, p.31.
② "越南民主共和国"是1945年胡志明发表《独立宣言》时使用的国名。1975年,越南南北统一,国名改为"越南社会主义共和国"。

国国籍。相比较而言,共产主义是"有史以来影响最深远的社会改革运动,也是第一个不限于某个特定群体,而受到不分种族、国别、宗教和文明的所有人支持的思想潮流"①,越南乃至整个印支的民族解放已经深深打上了共产主义的烙印。吴庭艳不是没有充分认识到这种局面,就是自以为能与之一较高下。为了壮大自己的力量,他利用一切可能的机会,甚至挖越盟的墙脚。吴庭艳曾被越盟抓住,关押在偏远的山区长达数月,1946年年初被送到河内,见到了胡志明。吴庭艳无法忘记自己的大哥是被共产党处死的,于是会面不欢而散。但令他意外的是,共产党居然释放了他,根据越盟的资料,这么做是考虑到他作为反法民族主义者的影响。此后,吴庭艳有很长一段时间一直待在河内,和越盟甚至北越政府官员保持接触,目的就是挑唆他们叛变。有传言说,吴庭艳成功地使越盟南方高级军事指挥官阮平(Nguyen Binh)叛逃了。

---

① 转引自[英]特里·伊格尔顿:《马克思为什么是对的?》,李杨、任文科、郑义译,北京:新星出版社,2011年,第2页。

吴庭艳稍后搬往西贡地区，和在湄公河三角洲的永隆教区担任主教的二哥吴庭叔住在一起，兄弟二人共同创立了越南民族联盟。该联盟分别在河内和西贡各资助一份报纸。此时，正和越盟作战的法国谎称只有在被称为法国联邦的框架下，越南才能获得独立。保大在八月革命后流亡香港，法国殖民当局需要一个傀儡，希望吴庭艳劝说保大回归。吴庭艳设计了一个就越南独立问题跟法国谈判的方案，两次跑到香港阻止保大听从法国安排。他这样对一位朋友评论道："法国是法国，越南是越南，为什么要把越南留在法国联邦内而把问题复杂化？"[①]软弱的保大还是和法国签署了《下龙湾协议》。吴庭艳认为这不过是殖民主义换了名称而已，失望至极，他在报纸上发表声明，鼓吹在共产主义和殖民主义之外的第三种力量，至此，法国和越盟都确信，他不可靠，都视他为对手。1950年，他被越盟缺席判处死刑，而法国也拒绝保护他。

---

① Edward Miller, *Misalliance*, p.34.

吴庭艳被迫离开越南，他继续打着第三支力量的旗号，可这要成为现实比之前更遥不可及。

第二节　流亡美国

吴庭艳流亡海外的第一站是日本，他第一次见到了刚第。这个年迈的王室成员听到吴庭艳尊称他为陛下，竟老泪纵横，恍惚间做起了回归梦。他是阮朝末期的宗室，由于祖先阮福景倾向于基督教，阮福景一系的皇族一直被认为有亲法国的倾向。刚第的父亲阮福英濡曾两次被殖民政府圈定为傀儡皇帝的候选人，英濡去世后，刚第袭封为畿外侯。但他却与潘佩珠等越南独立运动领袖认识并来往甚密，化名参加反对法国殖民统治的斗争，为此，几乎一生都在颠沛流亡中度过。日本军国主义溃败前夕，曾暗中支持刚第夺取皇位，其后日本于1945年8月向盟军投降，越南政治动荡，刚第则一直寓居日本。吴庭艳无法再把眼前的昔日皇亲当成政治盟友。不久,刚第就病死在日本。就在此时,一个美国人对吴庭艳产生了兴趣,他叫韦斯利·费希尔(Wesley Fishel)。作为东亚比较政治的专家,费希尔鼓吹反共、反殖民主义以外的第三种力量,呼吁华盛顿要支持第三种力量。他认为殖民主义正在消亡,对西方来说要保持在发展中国家的影响,就必须与致力于民族解放的反共运动结盟,费希尔同时还为美国远东司令部军事情报处工作。

然而,吴庭艳来此不是为了与费希尔碰面。刚第病逝,吴庭艳心愿既未达成,又将注意力转向驻日盟军总司令道格拉斯·麦克阿瑟(Douglas MacArthur)身上,后者没有正眼瞧过这个小个子越南人。在麦克阿瑟那里吃了闭门羹,吴庭艳这才想起了费希尔。在朋友的安排下,吴庭艳与费希尔碰面,通过这个在美国政府中担任顾问的教授,他相信自己将会深入美国学术界乃至政界,之前的种种沮丧一扫而空。吴庭艳和二哥本来已决定行程的下一站是美国,现在更明确了。吴庭艳不无投其所好地表示,他与共产主义势同水火,由于法国拒绝同意给予越南真正独立,反倒给了越盟机会。费希尔断定,吴庭艳正代表了美国需要的第三种力量,如果能有像吴庭艳一样的人替代胡志明和目前巴黎那帮给钱就什么都干的家伙,那么共产主义的吸引力就会蒸发掉。因此,他催促吴庭艳到华盛顿谋求支持。

朝鲜战争的爆发和麦卡锡主义的兴起使华盛顿闻"共"色变,甚至美国小姐的候选人都必须陈述她们对卡尔·马克思的看法,[①]对吴庭艳来说这是一个千载难逢的机会。在美国国务院举行的招待会上,他们见到了代理国务卿詹姆斯·韦伯(James Webb)。但是,吴庭艳表现软弱,"最无法令美国人动容的是吴庭艳和其作为一个领导人的潜质",其貌不扬,不善交际,总之,毫无魅力可言。吴庭艳给美国人留下的第一印象很糟糕,不再有其

---

① [美]威廉·曼彻斯特:《光荣与梦想:1932—1972年美国社会实录》下卷,广州外国语学院美英问题研究室翻译组、朱协译,海口:海南出版社、三环出版社,2004年,第571页。

他重要官员接见他。不过,他还是得以拜访当时最有政治能力的神职人员枢机主教弗兰西斯·斯贝尔曼(Francis Spellman),此人人脉极广,上至联邦、各州,下至区县,总统、议员、州长、市长乃至国际名流,没有他触及不到的地方,包括联邦调查局和中央情报局,他在曼哈顿的府邸,人称"权力中枢"。斯贝尔曼 30 年代与吴庭叔一起在罗马求学,一直对越南极感兴趣,1948 年第一次到西贡去,就是为领导对越盟的抗议。这次经过二哥牵线,吴庭艳与斯贝尔曼成了朋友,但是没有立即得到这位大佬的解囊相助。不过日后,此人成了吴庭艳最重要的美国鼓吹者之一。

美国这扇门没有为吴庭艳立即开启,兄弟俩转赴欧洲,教皇皮乌斯十二世会见了吴庭艳,但这还是远远不够的。吴庭艳转回巴黎,继续游说。其间,他给保大去信,表示他愿意接受"越南国"首相一职,前提是要授予他挟制各地方省长的权力。这个要求比之前的已经降低调门了,但保大此时根本不予理睬,拒绝与之见面。到 1950

年12月底,吴庭艳依旧两手空空,越南还是回不去,便决定再赴美,赌赌运气,反正他已经没有什么可失去的了。① 1951年1月中,国务院官员、负责越柬老事务的罗伯特·霍伊(Robert Hoey)同意会见吴庭艳,后者"极尽能事要使美国决策者迫不及待地处理亚洲棘手的事态"。首先,吴庭艳描绘了胡志明和毛泽东联手将印支国有化的前景,让美国人确信亚洲共产主义是庞然大物,越南和中国之间的对立在目前东西方较量的背景下已经微不足道。其次,吴庭艳表示,法国的"保大牌方案"根本就是把印支让给越盟,只有一个既不和法国合作,也不与共产主义为伍的越南领导人才可能成功建立一个抗衡胡志明的政府。② 不久后,他被安排与国务卿迪安·艾奇逊(Dean Acheson)见面,因为先前韦伯对他的评价,艾奇逊本打算敷衍他一下,但可能这就是先抑后扬之效,艾奇逊发现吴庭艳还不是那么糟糕。吴庭艳开始引起了美国核心决

---

① Seth Jacobs, *Cold War Mandarin*, p.28.
② Ibid.

策层的注意,从这刻起,他在美停留下来,直到 1954 年。

50 年代,与吴庭艳会面的美国人对他的评价褒贬不一。国务院、国防部对他无甚印象;其他人则乐观些,他们来自国会、新闻界、学术圈,大都是重量级人物,其中还包括威廉·多诺万(William Donovan),第一任美国中央情报局局长。在这些吹鼓手眼中,吴庭艳具有的最明显品质就是其坚定的反共立场。如果标榜反共是由衷的,那么,他高举天主教徒身份就是策略了。在和神职人员打交道时,他总是把越南天主教徒说成是印支最可靠的反共组织。少数美国官员,不乏已经在西贡供职的,不无先见之明的担心——吴庭艳的天主教主义阻碍他在一个地域分野深重,大多数人口还不是天主教徒的国家聚集支持。① 吴庭艳似乎也意识到天主教徒身份是把双刃剑,所以,他几乎总是把目标放在非天主教徒的听众身上。

吴庭艳游说的三大支柱,除了反共、宗教以外,就是

---

① FRUS(《美国外交关系文件》),1951,Vol. Ⅵ,Washington,D.C.:GPO,pp.359-361.

他踩着二战后美国思想界一个关键的神经:关于发展的理念。吴庭艳来到美国的时候也正是外援预算扩大,华盛顿对海外发展兴趣正浓之时。美国对去殖民化国家的援助项目的膨胀和美国越来越相信运用技术和专业知识改变和提升外部社会的能力是携手并进的。吴庭艳敏锐地觉察到,越南和美国的同盟不会仅以地缘政治为基础。因此,他以一个进取的改革者面目示人,这个改革者相信,美国的援助和专家(企业)对越南后殖民的未来将起到突出作用。为了让美国官方能听到他有关美国对越南援助的见解,吴庭艳找到费希尔,后者此时任职密歇根州立学院(不久后改名大学,以下简称密大)。这个大学是美国几所负责管理政府主办的援助冷战同盟国计划的大学之一。1951年,吴庭艳到达时,该校正参与政府对哥伦比亚、巴西的援助项目,他呼吁美国支持越南农业、公共管理、商业管理和其他各事项,受到热情的响应。在费希尔的安排下,吴庭艳作为董事进入密歇根大学。1952年,费希尔在给美国互助安全局的信中概述了援越项目,这项计划是建校以来规模最大的一次,其中一些想法显然是来自吴庭艳的建议。尽管这份建议当时不了了之,但1954年吴庭艳返回越南后,又被重新拾起。吴庭艳仍不满足,他把触角伸向美国学界,到处发表演讲,声称只有"自由世界"能够拯救越南,需要美国帮助建立既反对越盟又反对法国人的民族主义政府。这帮助他赢得了自由主义学术圈的压倒性支持。此时的美国正来到一个"知识行动起来"的时代,政治学家、经济学家等各界学者奋力把思想转变为政策,而不仅仅只在象牙塔内为知识而制造知识。

流亡期间,吴庭艳未能获取美国官方支持,直到在美最后一段时间,他才获得了华盛顿最有影响力的人物的青睐,与一些政界领袖的交往为他带来了希望。美最高法院法官威廉·道格拉斯(William Douglas)1952年夏天到亚洲转了一圈,他就是在这个时候听说了吴庭艳这个人。同年秋天,吴庭艳见到了道格拉斯,后者欣喜地发现吴庭艳关于民族主义和反共的社会改革的观点与美国的亚洲政策完全一致。他把吴庭艳引荐给素有民主党党鞭之称的约翰·麦科马克(John McCormack)和中情局副局长罗伯特·艾默里(Robert Amory)。在1953年4月的一场鸡尾酒会上,道格拉斯站在艾默里身边,告诉他,"你知道谁将在越南为你做出安排吗？他现在就在这个国家——他叫吴庭艳"。① 道格拉斯为吴庭艳做出的最重要的一项安排就是和民主党参议员迈克·曼斯菲尔德(Mike Mansfield)的会面。此人在进入国会前,是研究亚洲历史的专家,鼓吹印支地区的重要性。1953年5月8日,曼斯菲尔德受道格拉斯邀请出席在最高法院大楼举办的午餐会,吴庭艳当然也接到了邀请,这是其流亡美国的转折点。参加宴会的人还有约翰·肯尼迪,斯皮尔曼和不久之后成为众院外委会主席的共和党议员克莱门特·扎布洛基(Clement Zablocki)。在他的听众们面前,吴庭艳做了一次"动人"的演出,以1946年跟胡志明的会面开始了他的讲述。他宣称"越南的麻烦是在共产

---

① Seth Jacobs, *Cold War Mandarin*, p.31.

主义和法国之外没有丝毫号召力",而他可以成为那个号召力,他领导下的独立的越南将会实现人们为之奋斗的东西,但是他需要美国人帮助走上那第三条道路。① 曼斯菲尔德后来回忆说,吴庭艳离开时,他有一种感觉,"如果有什么人能够驾驭南越,那么一定是像吴庭艳这样的人"。② 吴庭艳此刻获得的不过是美国人的某种肯定,口惠而实不至。如果要找到返回政界的道路,吴庭艳认为是时候离开美国去找保大了。接下来的一年里,为他的回归提供关键动力的不是那些美国吹鼓手,而是留在越南的那些支持者,这当中要首推他的兄弟吴庭儒。

第三节 回归之路

长期以来,有一种看法认为,吴庭艳流亡期间对越南

---

① Seth Jacobs, *Cold War Mandarin*, p.32.
② Ibid.

大小事务失去接触,对世界整体形势,尤其对印支政治不熟悉。如果这样说的话,他已经有21年不担任公职了。可事实表明,吴庭艳从未真正退隐,而且拥有便捷的途径保证他对各类动向的了解,至少不用担心法国警察拦截信息。如前所述,他的家族在越南具有一定的影响力。吴庭艳排行第三,两位兄长特别是二哥吴庭叔的天主教会背景为其重要的依托。20世纪20年代,吴庭叔一直在罗马研究神学,与世界各地天主教徒结成了朋友。1938年5月,他担任了主教,是获得这个职位的第三位越南人。在公开演说中,他必然提到已故的父亲。吴庭艳还有三个弟弟,年龄相仿,但性格差异颇大。吴庭瑾(Ngo Dinh Can)是兄弟中受教育程度最低的,基本就没离开过顺化,性情残暴,而吴庭练(Ngo Dinh Luyen)见多识广,通晓几种语言,在欧洲展开活动,充当吴庭艳的顾问,有时作为他的私人代表和保大对话。吴庭儒排行老四,既不像瑾那样守旧,也不如练那般优雅,更未追随兄长们参与到法院政治中,30年代大部分时间在法国学习,先取得了文学学位,后在巴黎著名学府学习图书馆学和古文字学,30年代末回到越南,1945年获得河内国家图书馆的高级职位。越南八月革命后,吴庭儒涉足政坛,卖力地动员天主教徒支持吴庭艳。1947年到1948年,他协助吴庭艳,却未能改变保大方案,保大从香港去欧,他跟随身后继续游说这位君主,同时动员在法国的越南留学生和工人支持吴庭艳。尽管吴庭儒如此活跃,但和他的兄长们比起来还是低调的,返回越南后和其妻陈丽春迁居到越南南部的达莱。在那里,他和一些知识分子建立学会论坛,吴庭儒认为自己和兄弟们不一样的是,自己是个有思想的人。他对法国天主教思想家伊曼纽尔·穆尼埃(Emmanuel Mounier)的人格主义哲学颇感兴趣。

30年代初,大萧条使穆尼埃批判自由资本主义,尤其是对个人主义的批判,认为它导致了人与人之间的孤立、疏远和剥削。这位思想家也一样批评马克思主义及其对集体性的强调。穆尼埃预言后资本主义社会秩序因此将兴起,在这个秩序下,个人需求和社会繁荣都将各有其位,而无须任何一个变成社会政策的唯一中心。他主张,这个新的秩序是围绕一个他称之为"人"的概念而组织的。人类存在不仅仅是经济术语、社会政策和实践,而是精神需求和物质需要的协调。穆尼埃的人格主义思想对当时的许多知识青年具有相当的影响,这段时间,吴庭儒正在法国就学,认识了穆尼埃,为他的哲学所打动。然而,吴庭儒的理解后来被证明是很片面的,他真正接受的仅仅是其中反共和反西方民主的因素,经过他的改造、包装,服务于吴氏专制统治的"人格主义"被高高挂起。吴庭儒当然不是醉心于研学,正如一位西方学者所说,他在意识形态宣传和协调方面的才华远不如胡志明和其他共产党领袖,他的最佳才能区是从事秘密活动。[1] 吴庭儒之所以深得吴庭艳的欣赏和信任,很大程度上是由于他建立了一个颇为神秘的组织,在吴庭艳上台后进一步发展为控制南越政治的工具,这就是长期以来像谜一般存在的"革

---

[1] Edward Miller, *Misalliance*, p.46.

命人格主义工人党",简称勤劳党(Can Lao Party)。

该党是1953年由吴庭儒和一些知识分子筹组的,办杂志,搞研讨会,阐发人格主义思想,看似与政治无关,实则是吴庭儒的一种政治投资。在组织内部,影响紧随他之后的是陈国宝(Tran Quoc Buu),此人乃越南重要的工会领导人。40年代末,劳工运动处于非法状态,1952年才获得合法化,越南劳工联盟隶属于以布鲁塞尔为中心的国际基督教贸易联盟。大约就在此时,他被介绍给吴庭儒,成为创建勤劳党的成员之一。而吴庭儒也借此掌握了南越最大的工会组织。勤劳党正式成立是在1954年8月,随即被吴庭儒一人掌握,此时吴庭艳刚刚就任总理不过两月。但吴庭儒实际上也只控制以西贡为中心的南圻,中圻组织由吴庭瑾掌管。勤劳党的入党誓词是,必须毫无保留地效忠于吴庭艳兄弟,且党徒身份保密,内部实行等级集权制,如此一来,该党完全处于吴氏兄弟控制之下,通过渗透到各权力岗位来控制政府,确保对吴庭艳的绝对支持。勤劳党还渗透到军队,军官的升迁不唯能力，唯一的标准就是忠诚，并为此建立了秘密特务系统。吴庭儒在思想上也是兄弟中最接近吴庭艳的，后者的社会政治观本质上是东方专制式的，其理想的国家模式为：最高统治者行使万民之父的职能，维系全国的伦理纲常，他是上天和人民之间的中介，统治的行为必须合乎礼规；他以恢复旧社会为己任，立意使之不被西方腐化的影响毁坏。这与吴庭儒的所谓人格主义精神毫无二致，所以，尽管吴庭儒并无官职，名为政府顾问，但其对吴庭艳的影响之大也就不难理解了。兄弟两人不仅仅是血缘关系，更被美国人视为政治上无法分割的关系。而在吴庭艳回归过程中，吴庭儒起到了不可替代的作用。

1953年初夏，吴庭艳移居比利时，此时距离他踏上回归之路仅一年的时间。就在这时，法国提议和印支联邦成员国进行新一轮谈判。四个月前，法国总理梅耶、外长皮杜尔在华盛顿拒绝作出完全放弃法国殖民目的的保证。对法国在给殖民地以完全独立性方面的拖延和模棱两可的态度，刚刚入主白宫的艾森豪威尔极为反感，其认为法国不必要继续保持它的殖民地,因为这在相当多的情况下付出了高昂的代价。更关键的原因是,这个态度"只能有利于共产党人提出这种论调,即这场战争是一场维持殖民主义的战争"。① 如果法国需要美国帮助分担,就必须做出明确而公开的许诺,一待取得了军事胜利,就立即给予印支三联邦国家独立和自决的权利。

吴氏兄弟意识到时机已经成熟,由吴庭儒提议召开以反共为名的团结大会。一些以往支持保大的人纷纷同意参加,还有一些虽反共但不支持保大的也参加进来,会议就在平川帮(Binh Xuyen)的堤岸总部举行。1953 年 9 月 5 日,代表们签署声明,坚决声讨保大的渐进政策。但仅仅两天就偃旗息鼓,因为代表们各怀鬼胎,所谓团结大会真是讽刺之极:平川帮头目黎文远(Le Van Vien)希望抬高自己的政治资本,意识到打错了算盘,提前结束会议,还有一些人担心对保大批评过头,精明的吴庭儒则意

---

① [美]德怀特·D.艾森豪威尔:《艾森豪威尔回忆录(二)》,樊迪、静海等译,北京:东方出版社,2007 年,第 410 页。

识到需要和最反保大的人保持距离。团结大会召开引发保大回应,他在巴黎宣布将在西贡召开所谓"国民大会"。吴氏兄弟及其追随者有意缺席会议,因为他们认为这么做只会有利于保大。然而,这次大会通过决议,拒绝加入法国联邦,赞成越南完全独立,独立后的越南不会以目前的形式保留在联邦内。更出人意料的是,不多久,保大邀请吴庭艳出任内阁总理。这是吴庭艳流亡四年来,他们头一次面对面。①

此时,第一次印支战争的局面对法国越来越不利,在和越盟较量到第七年的时候,法国大约伤亡了15万人,其中三分之一或死亡或失踪,大约消耗了50亿美元。虽

---

① 1949年3月8日,保大和法国总统奥里奥尔签署了《三八协定》,确立了越南独立与统一的方针。但根据这一规定,保大领导的越南将继续留在法兰西联邦内,法国还通过该协定获得了外交监管权、领事裁判权、顾问聘用权、驻军权及经贸等一系列特权,可见复出后的保大仍是法国的傀儡。1949年4月27日,保大从香港回到西贡,6月14日,保大宣布建立越南国临时政府,取代"交趾支那自治共和国",并就任越南国家元首兼首相。掌权不到一年,保大便于1950年1月将首相之位移交给高台教(Cao Dai)主教阮攀龙,而他本人则仅挂有"越南国家元首"的虚衔。

然美国"已经采取一切可行的办法援助法国人,然而,他们仍在败退"。① 法军被围于奠边府之际,作为名义上的国家元首的保大缺乏领导才能和动力,他宁愿在欧洲的一些矿泉疗养地消磨他的大部分时间,也不愿意在他的国土上领导军队作战。一位法国人曾经对艾森豪威尔说,"越南所需要的是另一个李承晚(Rhee Syngman)"。② 形势越来越有利于吴庭艳。但他如以往一样拒绝了保大的邀请,"理由是不能容忍军事指挥权仍留在斗志低沉的法国手里"。随着奠边府陷落,法国于1954年6月4日同保大政府签订独立与合作条约,吴庭艳认为登台时机终于到来,在迫使保大同意让他执掌军政全权后,他接受了任命。

关于美国在促压保大选择吴庭艳这个问题上起了什么作用,有各种猜测,包括越南院外集团说,国务院甚至请约翰·福斯特·杜勒斯(John Foster Dulles)本人游说

---

① 《艾森豪威尔回忆录(二)》,第420页。
② 同上,第457页。

保大说,及中情局的秘密活动说。然而,上述说法缺乏足够的证据。仅就国务院的影响而言,到1954年5月之前,杜勒斯和国务院的其他人最多也就是"模糊地意识到"吴庭艳的存在。这也可以解释为什么后来反对吴庭艳,主张换马的力量主要来自这里。即使到了1955年5、6月间,吴庭艳收服各教派武装、消灭平川帮、任职一年之际,西方对其仍然表现得不甚熟悉。英国驻西贡大使史蒂芬森给伦敦的信函中写道:"我们希望他就是一个执行我们所相信的对拯救这个国家来说是必须政策的人……我们对这一政策信仰反复重申,最近的一次是在巴黎召开的三国讨论会……对吴庭艳,根据其性格,分析其行政记录将有助于我们考虑这样一种政策实施的前景如何。"①

---

① DF 1018/262, No.49, Political Developments in Vietnam, Mr. Stephenson to Mr. Macmillan, (Received June 18), British Documents on Foreign Affairs: Reports and Papers from the Foreign Office Confidential Print, Part V (1951 - 1956), Series E, Asia 1955, Vol.9 (解密档案1018/262,第49号,《越南的政治发展,史蒂芬森致麦克米伦,英国外交文献第5卷(1951—1956), E系列,亚洲1955第9卷》), p.106.

既然如此,美国国务院怎么可能在1954年前游说保大促成吴庭艳上台呢?然而,关于吴庭艳当上总理是由于美国幕后操纵一说在越南战争史学史中依旧是个被认定的话题。抛开证据不论,这一看法忽略一个关键事实:到1954年春天,保大已经有不得不选吴庭艳的理由。部分原因是,法国意志消沉,保大希望得到也必须得到外部大国的支持,自己需要一个总理,吴庭艳是一个不错的选择。美国中情局1953年的一份报告写道,吴庭艳是"一个热情的越南民族主义者和自由世界的朋友"。① 更重要的原因是,越南的政治形势是在吴氏兄弟影响下发生的。"吴庭艳在促成保大回到越南担任国家元首的战后谈判中扮演了举足轻重的角色,但当他感到保大政府不能实现越南的国家目标时就又离开了。"② 保大无疑是法国的傀儡,他对此虽不甘心,但也无可奈何,索性躲到一

---

① Indochina, Ngo Dinh Diem, President, Vietnamese Council, Confidential Files,1953 - 51(《印度支那,吴庭艳总统,越南委员会,机密档案1953—51》),CIA - P - 48657,p.4.

② Ibid., p.2.

边声色犬马,而吴庭艳又再度流亡。流亡期间,有关他的行踪时不时出现在越南媒体上,他的名字频频出现在越南民族主义者的谈话中。一小批仍留在越南的追随者和他的家族致力于塑造其正直、爱国和坚定献身民族事业的声望。保大在其回忆录《安南之龙》里说,吴庭艳在民族主义阶层中赢得的声望和荣誉是他决定委任吴庭艳的关键原因,"从我和吴庭艳的接触来看,我知道他难对付。我也知道他狂热的、救世主一般的个性。但目前局势下,别无更好的选择。美国人知道他,欣赏他的固执。在他们眼中,他就是那个合适的人,华盛顿不会吝啬支持他。由于(艳)过去的经历,由于他弟弟作为'民族统一运动'的领导人的存在,他得到了最坚决的民族主义者的支持……最后,因为他的顽固和狂热而寄望于其抵制共产主义。确实,他是适合目前局势的最佳人选"。[1] 保大所言大体是符合事实的。因此,说吴庭艳

---

[1] Bao Dai, *Le Dragon d'Annam*(保大:《安南之龙》), Paris: Plon, 1980, p.329.

没有美国支持就不可能登上总理之位的看法即使不能说是谬论,也属夸大之词。吴庭艳流亡美国是其本人和其家族苦心经营之旅,他们为重返政坛筹划了多年,是有备而来的。当法国撤离之时,美国必然要介入印支,吴庭艳需要借助外部的力量,美国也需要推进其利益,双方各取所需。

1953年5月,艾森豪威尔政府的副国务卿沃尔特·B.史密斯(Walt B.Smith)指出,"印度支那事件已经成为一个全球性问题",①总统本人更认为,失掉印度支那将是灾难性的,他确信"假如在战争进行期间举行选举的话,可能有百分之八十的人口投票赞成共产党胡志明来当他们的领袖,而不是国家元首保大"。② 即使不是吴庭艳,美国也需要扶持一个足以抗衡胡志明的人,而在曼斯菲尔德等人的影响下,行政当局认为吴庭艳是值得支持的。同时,值得注意的是,美国的政策从一开始就带有试

---

① 《艾森豪威尔回忆录(二)》,第218页。
② 同上,第457页。

验性质,即"如果此项试验不能在'合理的期限内'奏效,就将另立替代者"。① 这是1954年9月,史密斯同法国主管印支事务的内阁部长居伊·拉尚布勒(Guy La Chambre)达成就支持吴庭艳的书面谅解时,对法国所做的一个口头让步。之所以如此,一个很重要的原因在于,美国多少看到吴庭艳的严重弱点,对他能否成功没有把握。然而,客观地说,不是吴庭艳是否拙劣的问题,各种极为危险的形势任谁都是回避不掉的。当时的西贡军政混乱,内讧无休止,吴庭艳踏进了一个危机四伏的世界,他成功的希望比在和平会议上得到一个有利的结果还要黯淡,唯一似乎可以确定的事就是,他干不了多久就得卷铺盖走人,就连他最忠诚的支持者也承认,他在政治上不被击溃的机会很渺茫。

首先,法国人敌视吴庭艳,甚至在暗中破坏西贡政

---

① FRUS,1955-1957,Vol. I,Washington,D.C.:GPO,p.19.(关于美法两国1954年9月27至29日会谈纪要,参见 FRUS,1952-1954,Vol. XIII,part 2,p.2080ff.)

府。所谓明枪易躲,暗箭难防。这还不是最棘手的,吴庭艳的敌人远不止一个法国。在这块土地上,法国殖民统治已过百年,一般越南人对法国人深恶痛绝,反抗也从未停止,报复性事件时常发生。但是消除殖民统治带来的影响绝非易事。越南当地上层与法国有千丝万缕的联系。越南共和国军队参谋长阮文馨(Nguyen Van Hinh)是亲法分子,妻子是法国人,他本人也入法国籍,其父阮文三(Nguyen Van Tam)是一个声名狼藉的亲法派。阮文馨竟然公开表示说:"对我们这些人来说,背叛遥远的祖国无法想象。"[1]吴庭艳上台后,他处处与其作对,甚至企图发动政变。即使吴庭艳后来成功驱逐了阮文馨,在政府里还有不少官员,甚至是高级官员是亲法的。此外,还有一批实力不可小视的武装集团盘踞各地。在第一次印支战争期间,它们时而和越盟合作,时而投靠法国。高台教跟和好教(Hoa Hao)是其中两支主要的教派武装,

---

[1] Edward Miller, *Misalliance*, p.90.

图 1-1 南越新任总理吴庭艳和保罗·厄利将军观看法国三色旗缓缓落下,同时,南越红条纹黄旗升起,标志法国在印支统治的终结,1954 年。(Bettman Corbis)
图片来源:《冷战权贵:吴庭艳和美国越战起源,1950—1963》。

第一章 乱世总理

对它们进行收编也会困难重重。抛开别的因素不论,它们内部派系众多。和好教在其创立者黄莆初(Huynh Phu So)死后,分裂成四派,相互厮杀。对吴庭艳威胁最大的是陈文帅(Tran Van Soai),此人脾气反复无常,但他很有眼光。他将指挥部设在芹苴(Can Tho),这是位于湄公河三角洲上的城市,这里的人们靠水吃水。这样,只要他愿意就可以切断通往西贡的粮道。即便吴庭艳有办法使陈文帅中立,还得面对巴剪(Ba Cut)——他曾自断手指,拒绝与包括法国在内的所有人合作,宁愿花钱也要保证地盘不受染指。第三支力量为山地土著,占据中央高地,世代定居在此,是一个特立独行的文化群体,拒绝接受政府权威。法国统治时期,允许他们保持充分独立,此时他们不可能仅仅因为一个新总理就交出由来已久的权利。

在西贡,还有一个更难对付的人,这就是控制了大半个西贡的平川帮头目黎文远,号称西贡的主人。平川帮是西贡最有势力的黑社会组织,武备精良,背后有法国人撑腰,以向保大提供巨额开销换得西贡—堤岸的市警察局和公共安全署的控制权。吴庭艳回到西贡之时,这里处于一个极度混乱的时期。警察部队、民间武装游击队、各教派武装以及从北方撤下来的东京民兵等都各自为政,聚集在西贡—堤岸四周,甚至两条街道之间也分成了不同的防区,这些给黑社会组织提供了极其便利的条件。而事实上,在政府和军队中也有许多黑社会组织的成员。时任中情局西贡站副站长的威廉·科尔比(William Colby)后来回忆说,吴庭艳"控制的不过就他自己的那点地方"。① 令不出府,吴庭艳政权"代表着零"②是不折不扣的事实。在这种境况下,谁来当这个总理都是试验。与其说吴庭艳是美国人的傀儡,不如说他是美国人的试验品,后者在他身上下了很大的赌注。

---

① Seth Jacobs, *Cold War Mandarin*, p.62.
② 蔡佳禾:《亚洲冷战与冷战后国际问题》,南京:南京大学出版社,2019年,第27页。

II

第二章

剑指南越

第一节　彼岸"来客"

1951年11月,在吴庭艳于美国停留一年半的时候,一个名叫艾伦·格里芬(Allen Griffin)的美国援助官员在东南亚的旅程中停留印支。18个月前,他率领一个国务院特殊使团赴越南和该地区其他国家,格里芬小组搜集到的信息一直是美国对包括法属印支联邦的越南、老挝、柬埔寨在内的当地政府进行经济援助的依据,现在他回来看看这些援助的效果怎么样了。他在越南看到的现象引起了他的担忧。在给国务院的报告里,他抱怨陈文友(Tran Van Huu)政府缺少活力和大众领袖,而且对改善农民的普遍福祉的积极措施漠不关心,已经奄奄一息。它"根本没有群众基础,因为无法惠及民生而得不到广泛支持",格里芬还预判说,"只要得到法国支持的'独立领袖'不过就是从外国官僚变成了土生土长的官僚,胡志明在普通越南人中就依然保持其吸引力"。他宣称,越南的主要问题是"亚洲的通病",即"政府不能有效应对人民大众的不安全感、饥饿和不幸",要使美国的援助更有效,美国领导人有必要想办法不但劝说法国,也要让越南拿出对策。他警告说,"在亚洲,衙门式政府的时代已经过时了"。①

格里芬提出了50年代及其后长期困扰美国官员和专家的关键的社会政治问题。但不是所有人都和他看法一致。唐纳德·希思(Donald Heath),美国驻西贡使团团长也写了份报告,尽管他对陈文友政府缺乏广泛支持的判断并无异议,但他以为建立一个依赖"群众基础"支持的南越政府是根本不可能的,至少暂时如此。即使找到这样的领导人,将其拉进政府,他们也可能导致"亚洲中立主义或越盟的渗透"。在他看来,最好的政府不是要以群众根基为驱动力,而是要以他所谓的由法国和南越

---

① Edward Miller, *Misalliance*, pp.54 - 55.

安全部队执行的"安抚行动"为驱动力,动用军事力量在农村确立行政当局权威,如此将会最终为产生一个民主的政府铺平道路。①

格里芬和希思之间的分歧反映了美国官员对越南国内政治和外援看法的深刻分歧。从美国干涉印支开始,其国内一直就援越的手段、目的争论不休。美国官员都确信美国应当遏制东南亚共产主义,但常常就如何为实现这一目标使用美国援助的问题分歧尖锐。这些争论不仅仅是技术层面的,而是源于思考亚洲和其他第三世界国家如何实现发展和社会转变的根本路径不同。到50年代初,竟然有一大批美国人对整个亚洲的发展项目拥有数年甚至几十年的经验。美国官员和技术专家也可以吸取他们近来在所服务的国家的经验作为观念和模式的来源。因此,尽管冷战是美国在东南亚国家提供援助的一个新的战略动因,但由此引发的实际的援助项目和实

---

① Edward Miller, *Misalliance*, p.55.

践往往是有别于冷战前的。早期的经验教训是多种多样的,20世纪中期,美国有关发展的思想和实践不能只用一种理论学说或意识形态界定。

50年代早期,对到达东南亚实施援助项目的官员和技术专家来说,他们很多重要的发展经验都是从罗斯福新政那里得来的。罗斯福本人就坚决认为新政的自由主义改革的精神实质可以也应当从美国国内传输到国际社会。然而,新政的遗产溢出了美国致力于转变、塑造国家间关系的国际关系领域,它们同时体现在华盛顿试图在其他国家内部引发变革的努力中。1945年后,对许多渴望在海外建设现代国家的人来说,罗斯福新政恰恰是发展主义理念和模式的试金石。

除了罗斯福新政以外,还有一股被称为"高度现代主义"的思潮在战后蓬勃兴起。著名社会学家詹姆斯·斯科特(James Scott)将高度现代主义解释为,"把技术和科学上的进步成果应用(往往通过国家)到人类活动的每个领域的笼统观念"。从这个视角出发,罗斯福新政仅仅是诸多情形中的一种,政府和技术专家千方百计将科学服务于自上而下的重大发展项目。每一个案例无不是领袖和政府建议利用中央的规划作为改善公民生活的手段。根据斯科特等学者所说,这些"宏伟的项目"(big plan)的结果往往落后于设计者的期望值。与此相反,"低度现代主义"鄙视宏伟计划,赞成"小即美"(small is beautiful)的观点,即发展事业须考虑地域性和特殊性。低度现代主义者不是从物质和社会层面的转变开始,而是力主发展应当随着学习新的理性和思想的民主习惯在民众心理领域生发,思维的改变将会驱动体制和社会模式的转变。两者的分歧自然而然被带进了战后美国对外援助的研究中。

在亚洲部分国家和地区,美国人对发展大项目的热衷早在二战前就很明显。20世纪20至30年代,在中国的一个实施主体是美国传教士团体的联合会,被称为中国国际饥饿救济委员会(China International Famine Relief Commission),它发起了几个庞大的公共工程项目,包括修缮公路、挖掘灌溉的井渠、筑堤坝以及在四川省建造42英里的水渠。除了预防洪灾、促进贸易和旅游,该机构也试图促进技术知识传授到中国,但有些工程未能达到预期效果。例如,四川水渠完工后不久就充斥着盐碱。这类挫折并不能阻挡、破坏委员会的信心。日本侵华战争期间,该委员会的项目停滞,在中国的项目在战后又由联合国复兴委员会进行重建,仍然聘用中国国际饥饿救济委员会的首席工程师奥利弗·托德(Oliver Todd)监管,所需款项也还是由美国资助,参与人员绝大多数还是美国人,许多都是战前发展计划的老员工。

美国在中国的项目从不单以高度现代主义为指导,因为中国幅员辽阔,一些人主张推动以社群为基础的发展项目和工程。例如,为支持其大规模民用工程项目,在华北,中国国际饥饿救济委员会辅助地方集中努力建设农村信用合作。这主要是受到莱夫艾森社区(raiffeisen societies)的启发,它是19世纪时期德国的一种农民合作的形式,其经验后来在美国得以广泛推广,也获得巨大成功。除了向中国农民提供靠得住的信用贷款,中国国际饥饿救济委员会还配合新农业技术推广进行培训以及开展其他各种形式的教育培训。著名农业经济学家 J.洛辛·巴克(J. Lossing Buck,即卜凯)是这一模式的积极奉行者,他认为,中国农民应通过组织信用合作社来实现自助,并力图表明美国农业管理原则可以用于提升中国农村居民的生产效率。

中国国际饥饿救济委员会战前的许多社区改革措施在1945年后由经济合作委员会继续推进。这是一个承担华盛顿绝大多数对外经济援助项目的机构,以监管战后欧洲复兴计划——马歇尔计划闻名。与欧洲情况相反的是经济合作委员会在中国更多强调农业和低度现代主义,尤其是它下属的农村重建联合委员会更是如此,于1948年开始在中国大陆展开项目。除了在社区一级单位促进农业推广、农村医疗保健和小规模的乡镇工业,该委员会也涉足土地税问题,采取措施保护农民免遭地主剥削。为委员会工作的美国人称此为实现发展的"乡村模式"。这种对乡村和其居民"迫切需要"的强调成为美国低度现代主义的一大反复出现的主题,贯穿整个50年代及其后历史。1949年后,农村重建联合委员会把工作搬迁至台湾,继续支持乡村模式,深深卷进了台湾的土地改革设计和执行,尽管国民党当局对委员会计划中较激进的措施颇为不满,但项目大大降低了租金,提高了土地所有权水平。从此,改变台湾农村生活的诸多措施伴随美国援助台湾工业部门的高度现代主张逐一展开。另一个工业上奉行高度现代主义、农村建设上奉行低度现代主义路径的相似例子就是战后美国对日本的政策。美国组织的这些项目被视为第四点计划的先声。

第四点计划是由总统杜鲁门发起的一项重大的发展举措,他在1949年1月的就职演说中倡议"一项欠发达地区的改善和成长得益于我们科技进步和工业增长的全新而勇敢的项目"。虽然,杜鲁门把该计划作为遏制苏联的一枚利器,但他同时相信美国科技的改变力量,也相信发展政策本身之目的。然而,他并没有具体阐明新项目采用的实际做法，他的话在政府内部就美国发展政策的手段和目的触发了一场辩论。伴随辩论进行，实施外援项目的高度和低度现代主义之间的概念性区别变得越来越尖锐。国务院的官员声称对外援的模式标准享有权威，而白宫的总统顾问们想大权独揽——如果仅仅是官僚部门间的倾轧就简单了，背后也反映了参与人员从以往美国外援项目中吸取的截然不同的教训以及对外援实施的不同理解。国务院官员和专家认为第四点计划应与马歇尔计划一样，聚焦于资本工业和基础设施项目，杜鲁门的经济顾问们则力主以社群为核心的农业改革。他们分析的国民收入的比较数据显示，广大亚非拉国家的人民挣扎在贫困线边缘，如果美国希望在这些前农业社会扑灭兴起的革命，华盛顿就有必要向世界上最贫困地区的农村人口直接提供援助。来自俄克拉荷马州立大学的农业问题专家亨利·贝内特（Henry Bennett）被杜鲁门指定为第四点计划首位主任，1950年在白宫内阁会议室，他对杜鲁门和其他高级官员雄辩地宣称，以社区为焦点的援助项目旨在为半数贫困人口增加获得粮食、医疗和教育的机会,"至少必须给这些人一个机会,望一眼20世纪的大门"。杜鲁门热情地回应说,"这正是我正在考虑的计划"。①

尽管第四点计划仅存在了四年,但从未弥合过哪怕一丁点关于外援预算、理念的分歧,在第四点计划被解除后围绕其存在的定义的争论也持续了很长时间。第四点计划即使在美国外援项目发展史上算不上全新的开始,但它仍然是一个重要的分水岭,它使美国政府首次明确了以推动全世界发展的理念为美国外援政策的明确目标。然而,为了实现这个目标,有必要搞清楚一系列问题,例如发展的性质和含义:究竟什么是发展?所有的社会和历史情境下,发展都是同样的吗,可以对其进行跟踪、管理和控制吗?还有,发展如何同种族、文化和象征人类差异的其他符号联系起来?上述问题不是政府官员

---

① Edward Miller, *Misalliance*, p.63.

和技术专家独享发言权的,高等院校、科研院所也对发展作为客观描述和衡量社会进步的标准越来越感兴趣。随着美国外援项目扩展至全世界,学理探究就不仅仅止于学术意义了。伴随冷战展开,这些争论仍在继续,并蔓延至美国驻海外使团。就越南的情况而言,从西贡到华盛顿,出现一种来回交叠、绵延不绝的争吵之势。

吴庭艳正式就任前,英国人告诉美国驻西贡代办罗伯特·麦克林托克(Robert McClintock),吴庭艳就是"美国人的囊中物"。后者很恼怒,回应说自身的口袋"太小",①他还明确告诉英国同行,吴庭艳似乎还没有一个适合新政府的整体的政治战略。在给华盛顿的秘密报告里,这位代办流露出关于吴庭艳及其作为领导人的能力的极度悲观态度,"艳是一个缺少资源的救世主,他唯一的方策就是要求美国给予各种援助"。② 基于这种怀疑情绪,他和一些同事不无鄙夷地称西贡新政府是"艳试验",

---

① Edward Miller, *Misalliance*, p.71.
② *FRUS*, 1952 - 1954, Vol. XIII, Washington, D.C.: GPO, pp.1782 - 1784.

强调局势的不稳定和脆弱。然而,使团的其他人对"艳试验"及其成功的前景则不那么悲观,他们希望美国的援助和建议的完美结合将使局面变得有利于吴庭艳。同时,尽管吴庭艳顽固的声名在外,他们对说服他也持乐观态度。华府希望倚仗西贡使团提供确定而不是矛盾的政策,但事实上,后者在某些方面的分歧比华府的同事们更严重。

从1950年开始,使团扩张迅速,外交官、军事顾问、技术专家、情报人员等大举进入越南,随之而来的就是各种理念和实践的碰撞,此一阶段的争论是前面所述分歧的继续,将会越来越激烈。唐纳德·希思作为大使,非常清楚美国在印支的头等大事就是尽可能长时间地阻止共产主义世界得到战略资源。为此,他们别无选择,唯有维持跟法国的合作。他任职期间,强烈支持法国的要求,即美国的援助应通过法国监管,而不是直接给保大本人。在这种情况下,他不认为吴庭艳是越南必不可少的救星。希思的意见不代表普遍的看法,完全不赞同者有之,尤为特别的一个就是罗伯特·布卢姆(Robert Blum)。此人于1950至1951年负责经济援助部门,早年参加过经济合作委员会的中国援助项目,非常赞成乡村模式。布卢姆的建议遭到法国当局的反对,总督甚至讥讽他是印支最危险的人。希思的天平向法国一方倾斜,避免"对法国政策不正确的批评"。尽管在华盛顿不乏支持布卢姆的人,但是他很快被调离岗位。他的离开意味着乡村模式派式微,但其实,许多人已经深信美国跟法国的合作既无效也不明智。随着吴庭艳1954年就任总理,关于援助的争论就和美国应不应当支持和怎样支持这位新总理的问题关联起来了。我们将会看到,因此而产生的关于西贡政权的看法,特别是关于吴庭艳本人的评价大相径庭,故而不难理解为什么会出现分歧,甚至截然相反的意见。既然美国人内部唇枪舌剑,乱作一团,可想而知吴庭艳政权的前景。在和吴庭艳打交道的美国人中,那些对吴庭艳颇为认可的人似乎没有考虑太多,他们八仙过海,各显神通,却最终用他们美好的愿望铺就了一条通向地狱之路。

彼岸"来客"们大多虽是初来乍到,但拥有在东亚、东南亚其他国家援助事务的丰富经验,决心在万里之遥的异国他乡开垦他们的反共试验田。1954年秋,作为吴庭艳的好友,费希尔率密歇根州立大学考察组来到西贡。该大学拥有美国最出色的警察培训机构,考察组此次就是为几年前费希尔提出的"技术援助"计划付诸实施做准备的。费希尔自然了解他的这位朋友性格倔强、顽固,他最初就说吴庭艳"睁眼上台的同时又闭上了眼睛",这位总理"清楚他面前的困难局势,但他总认为自己道德品行高尚,终将获得胜利"。① 不但吴庭艳自视如此,就连费希尔也相信,吴庭艳的缺点是可以克服的,只要假以时日,再加上美国人的耐心。费希尔的乐观不是因为他个人与吴关系密切,而是源于他的国际政治观和他对历史上美国与亚洲关系的理解。

作为40年代芝加哥大学的毕业生,费希尔师从昆西·赖特(Quincy Wright),后者是国际关系学界执牛耳

---

① Edward Miller, *Misalliance*, p.77.

的人物。和导师一样,费希尔积极拥护国际合作,尤其对新近独立的国家特别是与从前是亚洲或其他地方的前殖民地的新的合作方式感兴趣。其博士论文就是考察一战后的美国对华政策。在文章中,他高度评价了华盛顿决定放弃在华享有的治外法权和其他一些特权的做法,在他看来,这个决定表明,美国领导人选择与中国平等交往,基于互相尊重和利益共享建立关系。这就导致他把重心放在对亚洲政治精英的研究上。不过,这种兴趣不是出于纯学术目的,他还希望利用专业知识建议和鼓励政治精英们赞成他提倡的某种合作形式。他在这方面的抱负反映在他努力和他笃定能在未来获得权力的亚洲政治领导人发展友谊。除了吴庭艳以外,他与日本、泰国、朝鲜的政治领袖交往也颇多。当然,费希尔不是唯一试图影响进而改变吴庭艳的美国人。他们怀揣各种抱负、目的奔到这个遥远的国度,铆足了劲要完成他们的"使命",支配这种使命感的并不是纯粹的反共信念,有时甚至与之完全无关。因此,当"使命"夭折之时,不免有些悲壮。和他一样,沃尔夫·拉德金斯基(Wolf Ladejinsky)也是试图影响吴庭艳的专家之一。

沃尔夫·拉德金斯基是驻越使团的土地问题顾问,1955年年初来到西贡。他在土改方面经验丰富,享有"土改先生"的赞誉。他不赞成美国传统的关于亚洲农业社会的分类,认为在亚洲富有的地主都是"反革命封建阶级",占人口绝大多数的农民都是革命力量,美国非但不应当排斥土地改革,反过来要善于利用这一共产党的阶级斗争的工具,支持土改从而消弭农民革命的冲动,引导它向"正确"的方向上走。这个主张和拉德金斯基早年在俄国的生活经历有直接的联系,简单来说,他的观点就是通过土改扑灭革命的火种。农民占南越人口绝大多数,西贡政权的命运很大程度上取决于它的农村政策,尤其是土地政策。拉德金斯基提出,为了让土改更有效率,必须在乡村单位贯彻实施,也必须得到农民的参与,农业援助项目的物质技术层面并不比那些可能促成"新精神面貌"的项目更重要,技术援助真正效果是使人的思想发生变化。这与低度现实主义倡导的原则完全一致。他还认为，只有政治家能进行或好或坏的改革，或者根本不搞改革，因此关键的是要和具有积极进取思想的亚洲领导人建立关系，即为了开具的改革药方能被采纳，最好以一种比较容易让人接受的方式向政府提出来。拉德金斯基显然希望吴庭艳就是那种易于接受的亚洲领导人。然而，他们把自己当救世主的同时，偏偏遇到了同样自认为品德高尚的吴庭艳，从政府官员到专家顾问，几乎没有人不认为吴庭艳顽固。事实却是，有些问题源于美国政府内部各执己见，无论跟吴庭艳有无争执，有多大的争执，他们自己就无法达成一致，或是使团之间，或是使团和华盛顿之间常常分歧不断，以致爆发争吵。

正如已有研究指出的，美国军方根据自己的职业传统加上朝鲜战争的狭隘经验，把南越政府军的使命规定为对付来自北方的入侵，按照美式正规作战方式进行训练和演习，忽视了在南方进行反游击战的需要，其至在种种证据表明南方游击战是西贡政权面临的主要危险之后,美国军援顾问团依旧墨守成规。在如何对付游击战方面,美国政府的关注度远不如吴庭艳,主要由于后者的推动,南越建立了两种专用于打击游击队的准军事部队。① 第一种就是保安队,即南越民警部队。密大旋即派专家小组在 1955 年夏承担设计和训练任务,但不久遇到麻烦。这个麻烦在后来又表明,美国军援顾问团的建议更合适、更有效。密大专家认为,保安队是个轻装警察组织,而美国军援顾问团支持吴庭艳,要求把它建设为一支拥有装甲车和直升机等重武器的辅助军队。华盛顿采纳了密大专家的意见,拒绝提供资金迫使吴庭艳放弃其要求。不仅如此,1958 年 6 月,美国还要求将保安队人数减少约 40%。第二种准军事部队是自卫队,即村级民兵。1955 年 11 月,吴庭艳向美方提出应立即建立这种组织,并为此索取资金和装备。美国大使和军援顾问团都认为,这对于铲除共产党在农村的影响和完成南越绥

---

① 时殷弘:《美国在越南的干涉和战争》,北京:世界知识出版社,1990 年,第 37 页。

靖是必要的。然而,尽管华盛顿拨付了一些资金,但几乎没有做出别的努力,后来甚至通知西贡,由于缺少资金,只能支持三万人规模,比原计划少一半。1957年10月,美国国际合作总署建议对越军援削减超过20％,虽然该署驻越分署和大使埃尔布里奇·德布罗(Elbridge Durbrow)都认为这太过分,但国务院予以通过。显然,"救世主"也没有那么慷慨,斤斤计较扶持成本;而且,它也不做赔本的买卖。就以"商品进口计划"来说,它是西贡政权重要的经济基础,使西贡得以生存,甚至大发横财,但美国自己也受益不少,被美国人自己称为"自有轮子以来最伟大的发明"[①]:给予西贡的美元90％只能用于进口美国商品,只有10％被允许购买第三国商品。当然,无论如何,美国援越的出发点是反共,在这个根本前提下援助吴庭艳形成其统治,也因此在长达九年的时间里,美国在扶吴和弃吴之间来回摇摆。

---

① 时殷弘:《美国在越南的干涉和战争》,第50页。

第二节 反共"建国"

美国巩固吴庭艳政权的第一项重大行动,是使用秘密手段煽动大量北方人口南迁以便为西贡政权构筑政治基础。日内瓦会议结束后,吴庭艳旋即组织起一个负责"难民"南迁问题的部长联席委员会,然而低效和混乱使该机构几乎无所作为。于是,在吴庭艳就职前就已经到达西贡的爱德华·兰斯代尔(Edward Lansdale)上校着手改变这一局面。他是从事秘密军事行动和心理战的专家。兰斯代尔初到南越曾主导实施了一项"伏虎计划"。他组织了一个武装心理战队伍,共250人,清一色的越南人,经训练后让他们换上便服,空投到北越去捣乱,但是这些人派出去后就再也没回来过。这让享有反游击战专家盛名的兰斯代尔很难堪,所以,他十分重视此次行动。他在同美国军援顾问团团长约翰·奥丹尼尔(John

O'Daniel)商议后,向大使希思提出计划,并很快被吴庭艳接受。接下来,兰斯代尔小组就具体策划和实行煽动方面做出一系列安排。

该小组成员之一,美国军官亨利·莫尔(Henry Moll)多年后披露了当时他们策划和实施行动的一些细节。虽然该书叙事有明显的错漏,颠三倒四,但是当事人也未隐瞒自己和同伴在越南犯下的斑斑劣迹和罪恶,尤其是对美国军事援助顾问团团长塞缪尔·威廉斯(Samuel Williams)的丑闻,作者也不讳言,因此较为可信。

莫尔赴西贡之前在中情局设在菲律宾马尼拉郊外的一所反游击中队和心理战学校任教员,他向兰斯代尔建议针对越南人相信占卜和星象这一点加以利用。在他们的指导下,南越特务编制历书,"历书对越盟领导人和活动做了可怕的预言,而对吴庭艳新政府则说明吉祥的预兆,并预测将在南方实现统一"。① 这些历书被空运到海

---

① [美]亨利·莫尔:《越战前后目击记》,金质尚译,北京:华文出版社,1990年,第22页。

防,然后送到北方城镇出售,或者偷运到越盟地区。越南平民争相查阅历书的情形让美吴特务们兴奋不已,他们"十分高兴地看到""难民的数字急剧上升",人们迫不及待地想逃往南方,而"下一步就要尽最大的可能制造更大的动乱,以便削弱越盟的影响"。① 在美国新闻处的密切合作下,兰斯代尔小组很快就拟定了进行心理战的新战役,他们在报告中称之为"造谣战役"。一个根据偶然事件精心编造出来的耸人听闻的谣言和一个黑色的心理战计划形成了。那个偶然事件发生在吴庭艳刚刚回到西贡之初。越南天主教民兵大量北上河内和海防,要求得到武器,并与越盟作战,他们对法军也充满了愤怒。可是,他们饥肠辘辘,有的女民兵三天没吃东西了。经过安排,由海防的商人为他们提供食物。然而,其中一个商人把安排在他家里的五名女兵用药物麻醉,给她们戴上沉重的镣铐囚禁在地下室,对她们百般凌辱。获得这个情报

---

① 亨利·莫尔:《越战前后目击记》,第 22 页。

后,通晓法语,化装成法国商人已经混入河内的莫尔和他的"平"小组共八名成员前往海防解救了这些女兵。"平"小组按照预先制订的计划把她们带回河内,告诉她们那个商人是中国部队的特务,据此散布出他们精心编造的谣言,称中国人民解放军一个团袭击了某村,并强奸了村里所有的姑娘,企图使居民联想起中国国民党部队1945年的行为,从而加深"越南人担心中国在越盟统治下实行占领的心理"。经过考虑,这个谣言要由在河内的"心战连"去散布。几周后,东京湾的人们谈起了中国师在越盟控制地区的不轨行为,这就是先前散布的谣言,越南人自己又加以渲染,各种离奇的谣言不断被制造出来。为了增加谣言的可信性,"平"小组成员分别将五名女兵带到"难民"中去,让他们看女兵已经伤残的手臂和脚。结果,越盟的地位在人民中间动摇了,就连越盟内部也有人相信只有吴庭艳才是真正的爱国者,尤其是居住在农村和山区的人们听到这个谣言之后,纷纷离开了家园大批汇入"难民"的行列。造谣计划的第一阶段顺利进行后,

"平"小组的活动进入第二个阶段:伪造越盟的传单和尽可能破坏更多的北越设施。传单上要求乘波兰和苏联轮船北上的南方越盟人员躲到甲板底下以免遭到空袭和潜艇的攻击,并准备御寒衣服,这项是为了配合口头的谣言,说越盟人员是被送到中国去当修筑铁路的劳工;其中还有针对女战士和平民妇女的恐吓,谎称越盟根据与中国达成的一项秘密援助协定,将挑选50万十岁至二十五岁之间的漂亮女人分批送中国,而中国则派遣20万军队帮助越盟对越南北方进行军事占领。与此同时,另一个代号为"家"的小组捏造的传单引起了更大的恐慌,内中规定人民军接管河内前夕实行各种过激措施以及东京地区的人们在越盟接管河内地区时应该如何行事等。传单散发的第二天,登记南迁的人数增加了两倍,两天以后,越盟货币(盾)下跌了一半。[①] 以造谣为特征的心理战计划的最后一步是专门编造"基督业已南下""圣母玛利亚

---

① 亨利·莫尔:《越战前后目击记》,第26页。

已经离开北方"等荒诞不经的口号,并加以物质利益引诱,致使不少教区整体逃往南方。这些北方天主教徒中有很多人后来并没有得到许诺的安置,融入当地居民中也有困难,甚至陷入悲惨的境地。

多年后的今天,查阅这些记录时,笔者不由感慨,来自大洋彼岸的"救世主"自诩来自"自由世界",道德高尚,手段却无所不用其极,正是他们制造了越南的分裂、贫穷跟苦难。当他们后来面对西贡政权进退维谷,面临颇多失望指责之际,似乎完全忘了是谁一手促成了吴庭艳的黑暗统治。

美国巩固吴庭艳统治的第二项行动,便是帮助他驱赶阮文馨(Nguyen Van Hinh),其背后是美法的争斗。法国很清楚,吴庭艳在西贡站稳脚跟就意味着法国势力将被完全迅速逐出越南。此外,法国当时还有一个设想,即通过南北政权的和解规避普选,而吴庭艳的激烈反共立场可能刺激劳动党重新在南方发动革命斗争,从而导致上述设想落空。因此,他们尽管同意支持吴庭艳,但总想伺机推倒他,扶植保大及其代理人。保大平庸无能,却是一切反吴势力的旗帜,法国以为借助自己尚存的军政势力和保大的影响达成目的还是有可能的。美国的立场与之正相反,在它看来,法国殖民主义不但已经非常过时,而且是防止越南"赤化"的障碍,必须排除,否则,保大必然重掌政权,并趋向于和北边平行而非对抗。这是美国极不愿意看到的。法国取代吴庭艳的谋划在日内瓦会议后不久立即行动起来,它选择的替代者是保大的堂兄弟宝惠(Bao Hui)。此人曾跟越盟密切合作过,当时又主张在南北方之间建立经济、文化和邮政联系,这与法国的政策趋向一致。而他上台的最大希望在于他得到参谋长阮文馨的支持。阮反对吴庭艳,更是公开扬言要推翻吴庭艳,声称南越需要一个受人拥护的领导人。①

美国向法国明确表示,绝不接受宝惠或任何持有类似政治观点的人。艾森豪威尔政府于 1954 年 8 月 17 日

---

① Seth Jacobs, *Cold War Mandarin*, p.62.

图 2-1 1954年10月,与对手拖延时间:吴庭艳和阮文馨(左)、黎文远(右)、阮文春。(爱德华·兰斯代尔文件集,封皮GP,胡佛研究所档案)
图片来源:《一代人的死亡:暗杀吴庭艳和肯尼迪如何延长了越战》。

下令,从即刻起,美国对印支的援助应直接交给联邦国家,而不必通过法国。① 这一决定显然是表达对法国的不满和不信任。但问题的关键在于阻止阮文馨政变。这

---

① 《艾森豪威尔回忆录(二)》,第456页。

个任务就落到了兰斯代尔小组身上。1952年时,兰斯代尔就和阮文馨在菲律宾相交为友,对后者是较为熟悉的。兰斯代尔一到西贡,一边着手颠覆北方的破坏活动,一边警惕空气中那充满着阴谋的味道,他觉得当务之急不是前者,所以,他没有随行动小组到河内搞破坏。应阮文馨宠妾的要求,兰斯代尔开办了一个小型英语培训班,学员都是越南政府重要人员的情妇。当然,此举并不能迅速消除根深蒂固的矛盾。

1954年9月间兰斯代尔及其特别小组得知政变企图,他试图调解阮吴关系,并警告阮,发动政变将造成美国停止一切援助。然而,阮文馨似乎并不相信,他表现的有恃无恐,依然谋划政变,打算十月下旬动手。兰斯代尔在美国驻越军事援助顾问团团长约翰·奥丹尼尔中将的配合下,把阮文馨的两名重要助手及其他部属骗到菲律宾观摩,在马尼拉夜总会享乐,这个釜底抽薪的办法阻止了政变的发生。兰斯代尔本人自视甚高,认为吴庭艳能在西贡站稳脚跟,自己功不可没。① 以往的研究大多也以兰斯代尔的说法为依据。一个相当熟悉他的记者这样表达主流观点,"的确可以说,南越是兰斯代尔的杰作"。② 近年来的评价没有那么夸张了,但还是把他看成具有非凡影响力的人物。实际上,兰斯代尔能起作用,根本上是美国的越南政策使然。大使希思则亲自飞到巴黎,告诫保大不要鼓励阮文馨动用武力驱赶吴庭艳。政变未遂后不久,艾森豪威尔的特别代表——新任大使劳顿·科林斯(Lawton Collins)11 月 8 日抵达西贡,明确宣布美国支持吴庭艳。在华盛顿和科林斯的重重压力下,保大将阮文馨召至巴黎。阮尽管不甘心,但无奈大势已去,于 11 月 29 日离开西贡,他的职务遂由吴庭艳的追随者接替。

美国保住吴庭艳政权的第三项行动是帮助他成功瓦

---

① Edward Miller, *Misalliance*, p.86.
② Neil Sheehan, *A Bright Shining Lie: John Paul Van and America in Vietnam*(尼尔·希恩:《弥天大谎:约翰·保罗·范和美国在越南的战争》), New York: Random House, 1988, p.138.

解了高台教与和好教两大教派武装以及剿灭了平川帮。高台、和好两教控制了湄公河三角洲大部分地区,拥兵自重,在南越政治斗争中起着举足轻重的作用;平川帮则盘踞西贡,呼风唤雨。吴庭艳要想统一南越军政,不制服他们是办不到的,美国图谋建立反共国家也是一样。科林斯拟定的南越事务七点纲领的第一条就是取消帮派武装。早在科林斯赴任之前,兰斯代尔就在吴庭艳的要求下卷入了行动,1954年9月便跟高台教、和好教的头目开始接触。中情局认为,吴庭艳让兰斯代尔做中间人无非就是想对这些教派表明,自己背后是美国人。① 从一定程度上说,这是事实。吴庭艳和郑明世(Trinh Minh The)的联盟并不是兰斯代尔一手促成的,在兰斯代尔之前,吴庭儒就已经和郑明世面对面进行谈判。但经费是中情局支持的。兰斯代尔秘密向吴庭艳转交钱款,后者

---

① Thomas L. Ahern, Jr., "The CIA and the Government of Ngo Dinh Diem"(小托马斯·L.埃亨:《中央情报局和吴庭艳政府》), *Intelligence Study*(《情报研究》),2014/07/29 C00622834,p.41.

秘密贿赂高台教郑明世,而对和好教,吴故作傲慢,只需要兰斯代尔"教导和好教的头脑,吴庭艳怎样赢得了人民的爱戴"。① 至于吴庭艳为什么选择郑明世作为突破口,可能主要是因为郑因不满与法国的合作于1951年另立门户,这样的人拉拢起来比较容易,再加上郑位于西宁某处山脉的基地占据了有利的地理位置,距离西贡仅一天的车程。如能对这支武装先行控制,将极有利于最终瓦解所有教派武装。这种分而治之、打一派拉一派的策略起了作用,郑于1955年1月底率部归顺。当时,吴庭艳乘直升机飞到西宁亲自会见郑明世。两周后,后者高调开进西贡,宣布拥护政府。此后,吴庭艳仍利用中情局的秘密资金,结合挑拨、封官等手段收服了两派的另外几股势力。他们的武装除部分并入政府军外,其余全部遣散,所需的安置资金也一律由美国提供,且全部是现金。美国收买这两派武装究竟花费多少,至今也没有准确数字。

---

① Thomas L. Ahern, Jr., "The CIA and the Government of Ngo Dinh Diem", p.41.

可以肯定的一点是，这笔钱数目巨大，不过也不是传闻中的数千万美元，毕竟法国每年给予的补贴也不过75万美元。当然，金钱可笼络的也会因钱再反目，但他们已不再是令吴庭艳害怕的武装了，他得以转回头来收拾最后一个敌人——平川帮。

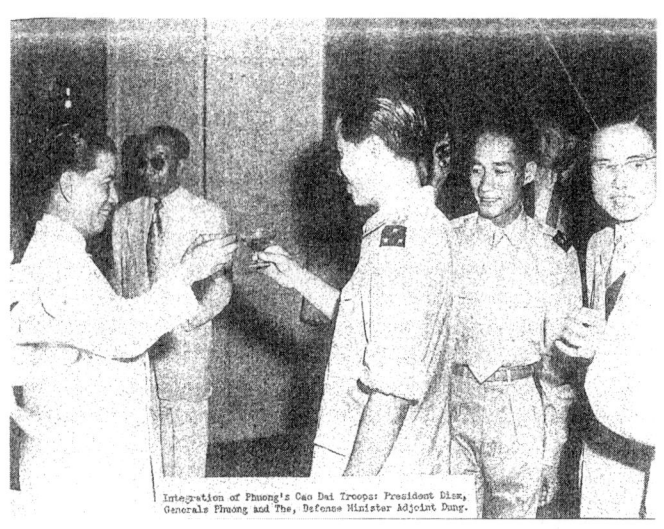

图2-2 1955年3月31日，吴庭艳和高台教领导人阮青芳（举杯者）、郑明世（最右者）在独立宫招待会上庆祝整编协议达成。（爱德华·兰斯代尔文件集，封皮GQ，胡佛研究所档案）
图片来源：《错误的同盟：吴庭艳、美国和南越的命运》。

高台教与和好教的瓦解不能不使平川帮感到如临大敌。1955年2月初,政府宣布平川帮的赌场营业执照即将到期,这意味着赌场要关闭。黎文远表面上不对抗,因为只要控制了警察局和公共安全署,自己就具备与吴庭艳较量一番的筹码;同时暗中部署同吴摊牌。作为总统特使的科林斯此刻是站在吴庭艳一边的,他提议,美国要求保大收回将西贡治安权交予平川帮的政令,但遭到拒绝。3月1日,平川帮联合被吴庭艳拒绝与之分享政府财政收入的高台、和好两教,宣布成立"国民力量联合阵线",提出政治、经济方面的要求,限制吴庭艳在3月25日之前必须满足这些要求,否则吴必须下台。尽管科林斯一再以倒吴将导致美国切断对越援助相威胁,但反吴联盟置若罔闻,并于3月29日袭击政府军据点,炮击吴庭艳官邸。3月31日,科林斯完全改变了对吴庭艳的态度,正式向华盛顿提出替换吴庭艳的建议。导致科林斯态度逆转的原因只有一个,就是他认为吴庭艳已经完全孤立,由此造成的混乱局面与西贡政权应当招贤纳良之主张背道而驰。特别是看到包括郑明世在内已经归顺的将领竟然也参与其中,科林斯更加坚信这些人的反叛是有理由的,对吴庭艳领导力量不足的判断更是正确的。后来的事实证明,他的看法不失为明智,但有一点他是不清楚的,这就是有学者怀疑,郑明世等人的突然反水其实是一出苦肉计,他们假装跟平川帮合作,实则为了获取它的反叛计划。① 真是如此,所谓吴庭艳孤立之说就不准确,更重要的是,特洛伊木马计策是如何设计的就很有趣了。根据莫尔所言,"1955年春,教派危机开始的时候,他(指兰斯代尔——笔者注)参与了中情局西贡站建立的一个专门对付平川帮的秘密小组的工作",②但没有披露更多细节。已经解密的中情局档案《中情局和吴庭艳家族》也隐瞒了一些关键信息,史家猜测中情局是否故意策划了这场武装冲突的观点也没有能够从中得到证实。笔者据此推断,郑明世等人的所谓背信弃义很有可能是兰斯代尔谋划的一出苦肉计。至于其他各股力量为什么反

---

① Edward Miller, *Misalliance*, p.116.
② 亨利·莫尔:《越战前后目击记》,第36页。

吴,唯一可能的解释就是,联盟不过权宜之计,捞钱、要官,顺便给吴庭艳捣点乱,何乐而不为呢?

就在科林斯提出换马建议的当天,吴庭艳在独立宫设宴招待高台教重要头目,反吴联盟宣告瓦解,但这并不能使科林斯收回立场,尤其是在平川帮与吴庭艳之间必然要有一战的情况下。前一次的冲突在法国驻印支总专员兼印支法军司令厄利和科林斯的干预下暂时停止,但吴庭艳消灭平川帮的决心是坚定的。不幸的是,这位大使换掉吴庭艳的建议也是坚决的。他的一再坚持既使华盛顿方面颇感吃惊也更加为难。因此,艾森豪威尔和杜勒斯决定召回科林斯进行紧急磋商。后者4月20日返回华盛顿,在接下来的一周内,科林斯终于说服了国务院的反对意见。27日,杜勒斯向驻法大使馆发出指示:"在同科林斯将军充分商谈后,越南政治安排中的某些变化似乎是不可避免的。吴的下台似成定局。"[①]应当说,白

---

① *FRUS*, 1955-1957, Vol. I, Washington, D.C.: GPO, pp.280, 281, 294.

宫和国务院对倒吴是相当勉强的,因为无论吴庭艳政权在政治素质方面有多少严重弱点,美国都已在吴身上下了一大笔赌注。从这点看,要抛弃他是很难的。而历史之所以有趣,就在于各种因素的共同作用。

差不多与杜勒斯做出准备改变亲吴政策的指示同时,4月26日,吴庭艳宣布撤换警察首脑,这是对平川帮的最后摊牌。随后,大规模冲突再起,"争夺西贡战"打响。兰斯代尔请中情局局长艾伦·杜勒斯(Allen Dulles)授权,以便自身向吴庭艳保证,华盛顿将继续承担义务。但杜勒斯同时敦促对吴庭艳加以约束,任何需要的保证都将通过代办伦道夫·基德(Randolph Kidder)发出,而且目前不会给出任何保证,直到最高层正在设计的意图有了结论为止,"你应当准备好这样一种可能性,它可能会涉及与艳关系的变化"。① 兰斯代尔马上意识到他担心的事情终究还是发生了,而且远比自己想象得还要严重。

实际上,4月27日傍晚,华盛顿连发三封电报指示

---

① Thomas L. Ahern, Jr., "The CIA and the Government of Ngo Dinh Diem", p.46.

驻法使馆，一待保大就平川帮交出西贡治安权做出保证，美国即与法国一起组织保大要求的政府。同样的电文也发往西贡，西贡时间是4月28日上午刚过7点。四小时后，政府军与平川帮在堤岸区交火。对兰斯代尔来说，这是一场和时间的赛跑。他认为吴庭艳一定能消灭平川帮，他还要求基德同意大家向各自的上级部门报告他们的看法，被拒绝之后，兰斯代尔联合西贡站于4月28日上午9点共同致电总部，此时是华盛顿时间4月28日凌晨左右，电报到达华盛顿的时间距离国务院给巴黎和西贡的电报发出后仅6小时。电文称，平川帮和越南共和国军队之间发生交火，争夺西贡的战斗正在进行。这是西贡站"深思熟虑的意见"，即比起任何一个寄予厚望的替代者，吴庭艳都拥有更好的机会取得成功，不支持他则注定任何一个继任政府都将失败，越盟将坐收渔翁之利。[1] 原本就不赞成倒吴的杜勒斯立即命令巴黎和西贡不要根据之前

---

[1] Thomas L. Ahern Jr., "The CIA and the Government of Ngo Dinh Diem", p.46.

的指示采取任何行动,等待进一步指示。相隔不到几小时,华盛顿态度截然不同,一天之内事情就起了变化。4月28日的国家安全委员会会议上,杜勒斯表示,最好的政策是"顺其自然",吴庭艳将以一个英雄的身份出现也不一定。①

就在此时,保大要求吴庭艳速去巴黎。兰斯代尔怂恿吴庭艳不予理睬。② 吴庭艳拒绝离开,并故意向保大透露这样一个信息:军队和已投诚的高台教意在废黜皇帝。为进一步摸清美国的底牌,他强硬地表示,自己不会听命于保大。基德在给国务院的报告中用词颇具意味——"这位总理将不得不为抗命承担所有责任"。③ 到4月30日中午,平川帮退守至堤岸几个孤立的据点。这一天是周末,但艾伦·杜勒斯立即把最新战报通报给国务院,并认为在此时履行总统对科林斯的承诺是错误的,

---

① Seth Jacobs, *Cold War Mandarin*, p.77.
② Thomas L. Ahern Jr., "The CIA and the Government of Ngo Dinh Diem", p.47.
③ *FRUS*, 1955-1957, Vol. I, Washington, D.C.: GPO, p.318.

建议推迟换掉吴庭艳的打算。5月1日中午,就在科林斯返回西贡途中,一封国务院致西贡大使馆的电报再次确认:美国承担对吴庭艳的义务。杜勒斯又致电科林斯:"过去几天内发生的事情已经使越南的局势处在……和你在的时候不一样的角度了",吴庭艳战胜平川帮在杜勒斯看来,"似乎已经压倒了之前促使美国支持赶跑吴庭艳的主要理由……此刻对我们来说,参与拉艳下马不仅在国内是行不通的,而且对我们在亚洲的声望损害极大"。① 这是美吴关系经历的第一个但并非最后一个危机。

美国巩固吴庭艳政权的最后一项行动是,支持其确立吴氏独裁统治。在最终粉碎了得到法国支持的平川帮这个最危险的对手后,吴庭艳的独裁统治也得以建立。战胜平川帮前夕,吴庭艳就着手废黜保大。他操纵一帮人组成"全国民主与革命力量代表大会",通过集会上书等活动鼓噪倒保拥吴,再以顺应民意为由要求美国支持。

---

① *FRUS*,1955 - 1957,Vol.Ⅰ,Washington,D.C.:GPO,pp.344 - 345.

起初,美国国务院对这样的手段并不十分赞成,但国会和公众舆论的亲吴情绪促使国务院立即改变态度,或者它根本就是半推半就,总之,美国决定保大的地位和南越政体由吴庭艳自己定夺。结果可想而知。吴庭艳最初还装模作样地打算建立"国民议会",然后由国民议会决定废黜保大,以体现合法性。现在,鉴于美国如此容忍,吴庭艳也就索性不要门面了,直接搞"公民投票"。在投票举行前,兰斯代尔小组通过不择手段的宣传活动丑化保大,尽管他也并无多么高大的形象。投票和计票过程更是充斥各种舞弊行为。无疑,所需绝大多数经费来自中情局。1955年10月26日的投票结果竟然是98.2%赞成废黜保大。当时,兰斯代尔告诉吴庭艳,根据选举原则,有一个61%的得票率就可以了。但是,吴庭艳一定要95%以上的选票,于是就有了98.2%的得票率,[①]可能是不想留给保大一点翻盘的余地。最后,以吴庭艳为总统的"越南

---

① 刘雪梅:《神秘的第三只手——二十世纪美国情报机构绝密行动》,北京:东方出版社,2005年,第233页.

共和国"在美国的支持下,正式拒绝日内瓦协议的全越普选安排,南越反共"国家"正式形成。

吴庭艳上台后,美国为吴庭艳政权提供了它所需要的一切橡皮图章。中央情报局在西贡的政治斗争中发挥了重要作用,无条件支持吴庭艳。为此,法国驻西贡副高级专员达利丹指责说,这种政策不是建立在合理的基础上的,而是由美国特工部门设计的。[①] 从这层意义上说,美国政府内部对"艳试验"从一开始就出现两种意见是必然的,因为分歧、争吵,美国一直在扶吴和弃吴之间来回摇摆,直到把吴庭艳送上断头台。

第三节 使团争吵

吴庭艳战胜平川帮具有重大意义:他控制了南越绝

[①] 蔡佳禾:《亚洲冷战与冷战后国际问题》,第33页。

大部分武装力量,消灭了异己力量的威胁,大大加速了法国退出南越的进程,并使美国取而代之。至此,华盛顿的总倾向是扶持吴庭艳,然而,一股疑吴、反吴的情绪就此抬头。

科林斯是第一个,在很长时间里也是唯一一个美国高层决策者中认识到"艳试验"存在缺陷的人。上任之初,科林斯是支持吴庭艳的,很快他就改变态度,坚决主张华府换马。虽然他一到西贡就明确宣布美国支持吴庭艳,但他显然对吴庭艳没有好感,后者在他眼中"身材矮小,腼腆内向,几乎毫无个人魅力"。科林斯"丝毫不相信他拥有天赋,能够在这个艰难时刻管理好这个国家"。① 作为一名职业军人,科林斯素以坚毅著称,绰号"闪电乔"。雷厉风行的军人作风跟吴庭艳的性格不可能合拍,就连杜勒斯都说过科林斯易于急躁。② 在和平川帮的较量中,科林斯逼迫吴庭艳用政治手段解决西贡危机,同时

---

① Seth Jacobs, *Cold War Mandarin*, p.66.
② 时殷弘:《美国在越南的干涉和战争》,第21页。

批评吴庭艳任人唯亲,要求广纳贤良,扩大政府基础,改革行政。实事求是地讲,科林斯以及在他之后的批评者都是只站在自己的立场上看问题,固执于自身,从而放大了吴庭艳的错误。科林斯要的是贤能,吴庭艳要的是忠诚。① 孰是孰非,不能简单做结论,要从当时的情形来考虑。

吴庭艳最坚定的支持者曼斯菲尔德曾对西贡做过这样的描述:西贡是印支的俄摩拉②,被土匪、海盗和勒索者控制着。难以想象,黑社会头目竟然同时是政府高级官员,难怪美国国会亲吴力量不无道义感地认为,吴庭艳"诚实、风度翩翩、体面,是我们应当支持的类型,而不是那些阴谋家、土匪、流氓"。③ 对吴庭艳拒绝听从英美扩

---

① Thomas L. Ahern Jr., *CIA and the House of Ngo: Covert Action in South Vietnam, 1954-1963*,(托马斯·埃亨:《中央情报局和吴庭艳家族:南越的隐蔽行动,1954—1963》),Langley:Center for Study of Intelligence,2009,p.19.
② 《圣经·创世纪》中,该城因居民邪恶堕落、罪恶深重而被神毁灭。——笔者注
③ Seth Jacobs,*Cold War Mandarin*,p.77.

大政府构成基础的建议,英国方面的观察不无道理。1955年6月13日,英国驻西贡大使史蒂芬森在发回外交部的《越南政治进展》报告中说,吴庭艳"错信他人因而无法施展权威,俯就一小撮关系圈内的人,表现得没有能力领导一个越南政治管理精英团队或无法把他们吸引到麾下效力。他的方法是寻找反对他的人,分化并消灭他们,而不是寻求妥协或瓦解敌对势力,从而为他所用"。①有意思的是,在对吴庭艳除了自己家族成员,对谁都不信任的抱怨越来越多的情况下,有一个人对其颇为同情,此人就是美国总统特别军事代表马克斯韦尔·泰勒(Maxwell Taylor)。在其回忆录中,泰勒提到,"我们美国的政治顾问们多年来一直敦促他——用他们的措辞来说——'扩大他的政府的基础'……姑且说句多少有些为吴庭艳辩护的话,我的印象是,这些年来,他一定是从那些试图

---

① DF1018/262, No. 49, Political Developments in Vietnam, Mr. Stephenson to Mr. Macmillan (Received June 18), British Documents on Foreign Affairs: Reports and Papers from the Foreign Office Confidential Print, Part Ⅴ(1951 – 1956), Series E, Asia 1955, Vol. 9, p. 106.

贯彻国务院指示的初出茅庐的使馆年轻官员那里听到了不少相当天真幼稚的政治建议。他有相当充分的理由怀疑,匆匆来去的美国过客对于同他一起度过了大半生的人们的能力和可靠性是否能做出比他更高明的判断。而且他还知道,可以用来加强他的政府的未启用的越南领导人才实属寥寥无几。我们在华盛顿看到的一个背景研究报告估计,只有百分之十到十二的越南人才具有对政府有用的教育水平或技术水平,而这批人当中有一多半已经在政府里……这样就没有多少人才储备了"。[1] 在其执政之初西贡那种极其混乱的局面下,吴庭艳用人的唯一标准只能是忠诚。当然,这无疑会鼓励阿谀奉承、溜须拍马之风,即使在良好的制度下尚难杜绝腐败,何况于此呢?吴庭艳非常清楚,他对腐败行为充耳不闻、装聋作哑,让不少美国人感到难以理解,"清廉的吴庭艳总统的周围为什么都是一些与他本人性格大相径庭的官员,并

---

[1] [美]马克斯韦尔·泰勒:《剑与犁——泰勒回忆录》下卷,北京:商务印书馆,1981年,第297—298页。

且他极力对他们加以维护和支持"。① 吴庭艳具有一些令人钦佩的优秀品质,这或许不假,即使反对他的人也无法否认这一点,然而,他需要"利用身边人的腐败促进他的政策"。② 总统清廉,下级腐败,吴庭艳政权脱离人民之严重可见一斑。在吴氏之用人标准之下,无论是贤良还是忠诚都遍寻不见。尤其是后来,推翻吴庭艳的力量曾效忠于他——他们从来也没有真正支持过他。在越南这块浸透了百年殖民统治,黑社会势力无孔不入的土地上,吴庭艳依赖家族进行统治不是没有原因的,当然,这是其可悲之处。更可悲的是,其家族内部也不全是忠诚之士,其弟媳、吴庭儒妻子陈丽春(Tran Le Xuan)的父亲是驻美大使,母亲是驻联合国代表,叔叔是外交部长,他们后来也都通过各种方式与吴庭艳公开决裂,可以说是

---

① 亨利·莫尔:《越战前后目击记》,第188页。
② DF1018/262, No.49, Political Developments in Vietnam, Mr. Stephenson to Mr. Macmillan (Received June 18), British Documents on Foreign Affairs: Reports and Papers from the Foreign Office Confidential Print, Part Ⅴ (1951 - 1956), Series E, Asia 1955, Vol.9, p.105.

众叛亲离,这又何尝不是一种背叛?这难道也是吴庭艳任人唯亲的结果?如此指责颇显可笑。这或许正是华盛顿不愿在科林斯的坚持下换马的原因,毕竟它不是什么大不了的弱点,可以视而不见。

有评论指出,科林斯要求撤换吴庭艳及美国国内围绕吴庭艳的争论反映的是,人类文明差异和发展的实现路径之间的冲突。① 科林斯以为,作为落后民族的越南继续依赖欧洲或美国监管才有可期的未来。兰斯代尔与科林斯不同的一点是,他认为,虽然越南民族落后,但他们有能力在一个较短时期内打破落后,而吴庭艳是一个能使越南改天换地的领导人,只要美国对他加以指导和鼓励。兰斯代尔也不认为吴庭艳缺乏灵活性,而是同样渴望跟随其他"善意之人"的脚步。② 不管从什么视角来看这些分歧,可以肯定的是,美国对"艳试验"抱有两种截

---

① Edward Miller, *Misalliance*, p.118.
② Edward G. Lansdale, *In the Midst of Wars: An American's Mission to Southeast Asia*(爱德华·兰斯代尔:《狼烟遍地:一个美国人在东南亚的使命》), New York: Fordham University Press, 1991, p.204.

然不同的态度。

　　大致在1959年之前,对吴庭艳的认可甚至吹捧较之怀疑、悲观远占上风。尽管华府和吴庭艳有些矛盾,但它乐于正面描绘其形象,艾森豪威尔的一句话表达了这些声音,"吴庭艳总统体现了英雄主义和政治家的典范"。远东事务助理国务卿沃尔特·罗伯森(Walt Robson)更动情地说,"亚洲给我们送来吴庭艳总统,又一个伟大的人物,整个自由世界因为他的决心和道德意志力的榜样而变得更富有"。① 此时跟60、70年代不同,华府不用担心来自媒体的挑战。自从《时代》杂志以《艰难中创造奇迹的越南人》为题报道吴庭艳后,"奇迹"这个词就和"艳试验"分不开了。《新闻周刊》指出,"吴庭艳是被经常称为奇迹的活生生的证据"。《纽约先驱论坛报》称之为"来自亚洲的奇迹创造者"。吴庭艳掌权五年之际,《美国信使》报登载标题为《自由越南:现代的奇迹》的文章为其喝

---

① Seth Jacobs, *Cold War Mandarin*, p.100, p.101.

彩,所谓"奇迹"一时间铺天盖地。

美吴关系以1957年吴庭艳访美进入最稳定的阶段,他受到了美方很高的礼遇。艾森豪威尔亲自到机场迎接吴庭艳,当他走出机舱时,21响礼炮向其致敬;到达下榻地时,超过五万人列队欢迎;在国会的演说被掌声数度打断。吴庭艳在纽约时,外交关系委员会及其远东分部、外交政策协会联合设宴款待吴庭艳一行,一批政界要人和名流出席了宴会,其中有参议员曼斯菲尔德和肯尼迪,以及石油财阀洛克菲勒。此情此景不能不让吴庭艳感慨不已,流亡美国不过六年前,如今用兰斯代尔的话来说,的确是"改天换地",吴在众人面前颇为夸张地说,"美国每一个人现在都是越南的朋友",激动之情溢于言表。① 迎接他的当然不全是掌声,当吴庭艳在密歇根大学四千多名师生的注视下接受该校授予的荣誉学位时,该校一名英语系教师对同事抱怨道,"不明白为什么要对那个法西

---

① Seth Jacobs, *Cold War Mandarin*, p.103.

斯致敬"。① 类似这样的不满淹没在盲目乐观的氛围中。1959年夏天,一个大胆的记者爆出吴庭艳独裁黑幕,他揭露说集中营里甚至关着只有两岁的孩子。这则新闻使得美国参众两院介入调查,但主持听证会的都是吴庭艳的支持者,结论当然不会对他不利,他们反过来指责该记者。共和党议员克莱门特·扎布洛基(Clement Zablocki)称其是"对业务不负责任的记者"。参议员威廉·富布赖特(William Fulbright)当时就表态说,他对报道没什么印象。最后,这个叫阿尔伯特·科尔格罗夫(Albert Colegrove)的记者被迫在扎布洛基委员会上不断表示,他无意侮辱吴庭艳——这个的确在南越"完成了奇迹的人"。

1959年,以一个记者的爆料还构不成对吴庭艳政权的冲击,不过就是激起了一点水花。美国驻越人员不过就七百人,媒体、公众对这个前法国殖民地兴趣也

---

① Seth Jacobs, *Cold War Mandarin*, p.104.

图2-3 1957年5月13日,吴庭艳于纽约百老汇大街,同行者为纽约市官员和国务院礼宾处官员。《纽约时报》,卡尔·小戈赛特摄/Getty图像。
图片来源:《美国越战中的奇迹人物:吴庭艳、宗教、种族和美国在东南亚的干涉》。

不大。就在此时,越南南方一度沉寂的革命斗争重新兴起,在1959年和1960年两年里,越南劳动党中央逐渐放弃了温和路线,大力支持和领导南方武装斗争,逐渐发展为全越人民的抗美救国战争。战争来到了一个新阶段,一个使"吴庭艳奇迹"沦为笑柄的阶段。虽然华盛顿对"艳试验"报以较大的期待,但再没有比驻西贡的官员更熟悉情况的了,使团内部因之产生的分歧比华府的同事们有过之而无不及。这首先要从大使德布罗开始说起。

德布罗1957年3月接任大使,不久就向华盛顿反映西贡政权的某些弊端。总的说来,1958年秋天以前,这种批评还不经常,也不尖锐。但随着南方武装斗争的兴起,他对吴庭艳的不满日益增长,以致其最终对该政权完全失望,尤其批评吴政权过于注重军事问题,而不重视采取旨在争取民心的社会改良措施。德布罗报告国务院,吴庭艳的狭隘自大导致其耳目闭塞,不知局势之严重。然而,有一个人却与德布罗争执不下,他就是军援顾问团团长威廉斯。他认为,为了应对来自北方的威胁,吴庭艳重视安全问题完全是正确的,他不认为这么做会在政治上削弱吴政权。他还向吴庭艳强调,必须像消灭害虫那样消灭越盟骨干,或抓或杀,决不能让其逃脱;并在给朋友的信中讥讽德布罗,"比起在亚洲国家代表美国,更适合在优雅女士鞋店里做个高级推销员"。① 他们二人的关系要多糟糕有多糟糕,而同时威廉斯与吴庭艳的关系却非常密切,吴要靠美国的援助搞一些建设,所以对顾问团成员格外重视。在美国人对这个政权的稳固性产生怀疑,放慢了援建项目的速度后,没有什么比推动美国的支持更使吴庭艳感到紧迫的了。为此,他跟德布罗抱怨美国削减援助,希望在个人关系帮助下顺利拿到更多的美援。但他在德布罗那里碰了壁,随即把目标转向威廉斯。恰在此时,威廉斯暴露了一个不能为外人道的弱点,其具有严重的性心理问题。作为一个美国高级官员,他"当然不会有失尊严",吴庭艳为此派专人负责给这位将军安排生活。② 不难理解,威廉斯在谈判桌上的态度此后有了好转。当然,这不是威廉斯"绝对支持吴庭艳"③的原因,归根结底他和德布罗之间的分歧与美国海外援助的两种

---

① Seth Jacobs, *Cold War Mandarin*, p.105
② 亨利·莫尔:《越战前后目击记》,第 67—68 页。
③ Thomas L. Ahern Jr., *CIA and the House of Ngo*, p.122.

理论模式有关,即高度现代主义和低度现代主义。

如前所述,前者重视资本工业项目和大企业、基础设施建设,后者强调农村社群发展,支持"小即美"的乡村模式。威廉斯是职业军人,他当然不懂什么理论,也不需要懂,他只知道从军事角度看问题。但是,南方武装斗争的兴起让越来越多的美国官员认识到,用武力手段解决不了政治问题,[1]他们这样理解"叛乱"的发生:首先,他们认为任何一方对农村的控制都是薄弱的,绝大多数农民即使是在共产党控制的地区事实上都是中立的。其次,他们认为越南共和国的问题是农村贫困、行政腐败低效等政治、社会问题,这些都是滋生"叛乱"的温床。毫无疑问,这是个主要问题,但也是通过美国增加援助,更主要是要求西贡当局改革就能补救的问题。如果美国援助能

---

[1] G. R. Hess, "The Military Perspective on Strategy in Vietnam: Harry G. Summers's *On Strategy* and Bruce Palmer's *The 25-Year War*", *Diplomatic History*([美]加里·赫斯:《关于越战战略的军事视角:哈里·G.萨默斯〈论战略〉和布鲁斯·帕尔默的〈25年战争〉》,《外交史》),Vol.10,No.2,1986,pp.104-105.

提供给越南农村一个可靠的安全和美好生活的承诺,人们会转而对付真正的"敌人",而不是将他们推向另一边,在平民中造成了政治上的反作用。①

事实上,从一开始,部分美国官员就主张农村改良,但布卢姆的离开表明,他们处于显著的劣势。以"反叛乱"专家闻名的兰斯代尔来到西贡后,"马上意识到农村是一块政治上的无人之地,用他在菲律宾形成的经验,相信有效的人权发展计划是巩固政府在农村人口中合法性的有效手段"。② 鉴于当时大量难民涌向南方,吴庭艳也认为医疗救助是必要的,同意兰斯代尔的医疗队计划。该计划被称作"兄弟情行动"(Brotherhood Operation),从菲律宾招募医生和志愿者奔赴南越。第一支医疗队于1954年10月到达,到1955年5月已经建立了十个医疗中心和诊所,提供医疗帮助的同时,逐批培训医疗人员。

---

① Robert J. McMahon, *Major Problems in the History of the Vietnam War*,([美]罗伯特·麦克马洪:《越战历史的重大问题》),Lexington: D.C. Heath,1990,pp.629 – 630.
② Thomas L. Ahern Jr., *CIA and the House of Ngo*, p.52.

然而,兰斯代尔并没有把计划看成是纯粹的甚至主要是技术支援,还把它视为训练民主之下公民的榜样,向越南人灌输美国价值观,这对自大的吴庭艳而言是决不可以接受的。兰斯代尔绰号"孤狼",他和包括中情局西贡站在内的其他人相处得并不愉快。不难理解,人际关系并不是产生分歧的关键所在,但也不是不重要的方面,何况很多时候事情也无法切割得泾渭分明。最终的结果显示,强调农村改良的意见得不到足够的重视,对"艳试验"越来越悲观的一派也正是持有这类主张的人,即使是对吴庭艳非常认同的兰斯代尔后来也在国防部强调,越共依赖民众支持,只有通过政治、经济措施赢得民众才能将其摧毁。[1] 而随同南方武装斗争的逐渐兴起,国务院开始对主张农村改良的人处于劣势表示不安,[2]旨在争取民心的社会改良主张渐渐在华盛顿赢得了某些呼应。1960年5月,在一次国家安全委员会会议上,艾森豪威

---

[1] *FRUS*,1958-1960,Vol. Ⅰ,Washington,D.C.:GPO,p.205.
[2] 时殷弘:《美国在越南的干涉和战争》,第79页。

尔对来自西贡的报告表露出少有的隐忧,国务院、中情局方面提醒总统说,如果吴庭艳再不改弦更张,他很可能就要遇到和南韩李承晚一样的结果——被迫下野。① "这既是艾森豪威尔时期的尾声,也是未来的一种准确预言",只不过那个结果更悲惨而已。

华盛顿出于矛盾心理对吴庭艳政权不公开加以指责,但美国常驻西贡的记者们就没那么客气了。60年代初的南越吸引了战后美国一批最优秀最有才华的记者齐集此地,他们的存在日益动摇着吴庭艳统治的根基,有评论说他们是西贡政权的克星。② 这些记者大多非常年轻,追逐、挖掘真相的冲动常常驱使着他们。他们的报道越来越同情越共,质疑官方的宣传口径,有时极具讽刺挖苦,批评西贡政权的腐败、无能和专制;对吴庭艳而言,更犹如拴着脖子的绳索。其中,来自《纽约时报》的霍默·比加特(Homer Bigart)在1961—1962年撰写了大量批

---

① Seth Jacobs, *Cold War Mandarin*, p.116.
② Ibid, p.130.

图2-4 从左至右:《纽约时报》戴维·哈尔伯斯坦,合众社马耳克姆·布朗,美联社尼尔·希汉。(美联社/环球网照片,霍斯特·法斯)
图片来源:《一代人的死亡:暗杀吴庭艳和肯尼迪如何延长了越战》。

评文章,他的最有挑衅性的言论创造了后来很多人形容吴庭艳试验的一种表达:与吴庭艳共存亡。吴庭艳下令驱逐他,同时被驱逐的还有一名《新闻周刊》的记者。两大主流报刊的记者遭到如此待遇,引发来自美国的记者们潮水般的批评。比加特走了,戴维·哈尔伯斯坦

(David Halberstam)来了,"走了一个黑白无常,来了一个殓葬师"。这个27岁的年轻记者和32岁的马耳克姆·布朗(Malcolm Brown)、26岁的尼尔·希汉(Neil Sheehan)等人常常报道越共的胜利,嘲讽美国援越军事司令部的统计数据,在大使瑙尔汀(1961年接任)看来,"已经站到了背叛的边缘"。他报告国务院"这类故事给共产党的轧机提供了最棒的谷物"。① 刚刚就任总统的肯尼迪为此焦头烂额,他企图让《纽约时报》把哈尔伯斯坦调往另一个国家,报社答复:不。②

然而,针对西贡的批评也引来保守派记者群起攻之,一时间唇枪舌剑,唾沫横飞。西贡是一个从不缺新闻的地方。《纽约先驱论坛报》的玛格丽特·希金斯(Marguerite Higgins)第一个跳出来称,批评者全都是"自命不凡的家伙",她本人和身为南越第一夫人的陈丽春关系

---

① Seth Jacobs, *Cold War Mandarin*, p.130.
② National Security Files, Countries-Vietnam;Nolting to Rusk(《国家安全档案——越南:瑙尔汀致腊斯克》),JFKL,box195,Nov.13,1961.

甚密。她们不但编写文章与之对抗,还对哈尔伯斯坦展开人身攻击,散播关于他的谣言。这种还击的分量还不够,还击队伍中有两个重量级的人物,一个是当时就很有影响力的专栏作家约瑟夫·艾尔索普(Joseph Alsop),另一个是《时代》杂志老板亨利·卢斯(Henry Luce)。他们竭力辩解道,年轻的记者对盟友政府进行了"极坏的讨伐","无论盟友政府有什么缺点,比共产党的那些缺点要好得多"。[①] 这个艾尔索普还有一个哥哥,兄弟俩的性格大相径庭,与当记者的弟弟不同,哥哥对政治毫无兴趣,是个唯利是图的商人。不过他可不是个简单的商人,在吴庭艳政权限制西贡娱乐场所经营的情况下,他竟然在西贡码头公园附近建起了吴庭艳上台以后的第一家夜总会,附近的居民因此被强行迁出。很多肮脏的交易,包

---

① William Prochnau,*Once upon a Distant War*(威廉·普罗克诺:《曾经的遥远战争》),New York:Crown,1995,p.344;"Foreign Correspondents: The View from Saigon"(《海外报道:来自西贡的观点》),*New York Times*,Sept. 20,1963;Joseph Alsop,"The Crusaders"(约瑟夫·艾尔索普:《讨伐》),*New York Herald Tribune*,Sept. 20,1963.

括买卖妇女甚至幼女无时无刻不在这家夜总会里进行,而他则跟他的体型一样,赚得盆满钵满。尽管没有证据表明这个特权是通过约瑟夫·艾尔索普获取的,而且他也写了不少反对战争的文章,但他对这件事至少是清楚的,其为何替西贡政权摇旗呐喊多少也说得通了。

不管美国大大小小的媒体如何相互攻讦,吴庭艳政权不得人心总是掩盖不了的事实。虽然华盛顿一直以来公开赞扬吴庭艳的"坚强领导",但私下却难掩悲观沮丧,《五角大楼文件》里曾坦白道:"迫在眉睫的问题不是吴庭艳打败叛乱的问题,而是他如何自救。"[1]美国驻西贡的官员,如前所述,也分化为反吴派和挺吴派两个阵营。美国使团的中下级人员对吴能否除弊革新疑虑很深,尤其是政治官员们早就在同吴庭艳手下那些顽固不化的部长们共事的过程中被搞得灰心丧气,大使馆人员几乎都对吴庭艳指摘甚苛,因而根本不指望情况会有任何突然的

---

[1] Seth Jacobs, *Cold War Mandarin*, p.123.

改变。他们的担心凝成一句口号:依靠吴庭艳,我们打不赢。① 而美国驻西贡军事代表团和中央情报局西贡站则主张给予吴全力支持,尽管他有着种种弱点;尤其是驻西贡军事代表团上下都赞成吴庭艳把安全问题而非经济、政治问题看作当务之急。大使德布罗的态度无疑很关键,1960年9月,他在向国务院提出迫使吴政权实施改良方案的同时就提出了在南越换马的设想,他个人同吴庭艳的关系尤其恶劣。肯尼迪上任后,出于修复美吴关系的需要,向参议院提名费雷德里克·瑙尔汀接任驻越大使一职。这是一项重要的人事变动,当时备选人员主要有兰斯代尔、国务院菲律宾东南亚司肯尼斯·扬(Kenneth Young)以及总统之弟罗伯特·肯尼迪,但总统最终选择了瑙尔汀,他从未涉足过亚洲事务,可是待人柔和,善于回避矛盾,这正是肯尼迪需要的那种特使。跟几乎所有前任都不一样的是,他对吴庭艳"推崇备至",向

---

① 马克斯韦尔·泰勒:《剑与犁——泰勒回忆录》下卷,第294页。

华盛顿汇报"从全面考虑,美国应当毫不犹豫地全力支持吴庭艳"。① 只是,谁也没想到,肯尼迪本人更没想到,这一任命导致美国使团的分歧不是弥合了,而是扩大了。另一项重要的变动也产生了差不多的影响。1961年2月,新成立的美国驻越南军事援助司令部取代驻西贡军事代表团,这标志着肯尼迪上台以来美国"反叛乱"战争的某种升级,不过军方依然坚持,即使改良,重点应专注于改善吴庭艳的极端专断和军政不协调状况,以提高作战效率。军事援助司令部司令保罗·哈金斯(Paul Harkins)上将相信积极思维的力量,一到西贡就宣布,他自己"是个乐观主义者,也喜欢看到周围的人都是乐观派"。② 一直以来,西贡使团内的分歧比美行政当局更显著,此时在使团内部,"瑙尔汀和哈金斯为一方,某些二级官员为另一方,他们之间的裂痕扩大了"。③ 前者中一个

---

① 马克斯韦尔·泰勒:《剑与犁——泰勒回忆录》上卷,第282页。
② Seth Jacobs, *Cold War Mandarin*, p.128.
③ 马克斯韦尔·泰勒:《剑与犁——泰勒回忆录》下卷,第378页。

对吴几乎百依百顺,另一个主张继续帮助他改进工作,后者"激烈地反吴"。

肯尼迪就任总统后的头几个月里,美国政府内就出现了向南越派遣战斗部队的考虑,此后一段时间,派遣美军的呼声日益高涨。在此情况下,为了进一步确认南越的形势,肯尼迪决定派参谋长联席会议主席泰勒率国家安全事务副助理沃尔特·罗斯托(Walt Rostow)等人去西贡巡视战场。1961年10月18日,泰勒调查团到达西贡,他们得到的印象是,"这是1954年年初以来形势最糟糕的时刻",用泰勒的话说,"整个国家民心消沉,全无斗志"。① 这种感受当前,"估计吴庭艳的政治寿命和衡量其政府的稳定性"作为调查团的主要任务之一,答案不言自明,但令人惊异的是,最终递交总统的正式报告里,几乎谈论的都是继续加大军事援助,甚至派遣战斗部队的建议。或许为了不显得矛盾,报告"用不那么低沉的调

---

① 马克斯韦尔·泰勒:《剑与犁——泰勒回忆录》下卷,第289页。

子"称"南越自然也有其有利之处……还有一位坚毅果敢、为人基本正直的吴庭艳","如果能够把我方的许多有利条件都统统动用起来……共产党的最后胜利远不是不可避免的"。报告的引言还强调,"我们丝毫不认为我们的建议是无可争辩的定论",①似乎早已做好了面对华盛顿的激烈争论的准备。在此抛开具体分歧不论,有人嘲讽说,"这两人即便待在华盛顿,省下美国纳税人资助的两万四千英里旅程的钱,也能写出差不多同样结论的东西"。②

泰勒调查团的建议在行政当局内引起了不同的反应,而它们都指向一个关键问题,即吴庭艳政权是否准备采取必要的改良措施从而值得美国押上"新的大笔威望"。其实,不管肯尼迪作何选择,正如有研究指出的,

---

① 马克斯韦尔·泰勒:《剑与犁——泰勒回忆录》下卷,第309页。
② National Security Files,Countries-Vietnam:Report on General Taylor's Mission to South Vietnam(《国家安全档案——越南:泰勒将军使团赴南越》),JFKL,box203,Nov.3,1961.

"只要目的不变,干涉升级就是难以避免的"。[①] 而只要美国越深地卷入南越,关于"换马"的争论就越激烈。在这个过程中,最滑稽的一幕出现了。

1963年8月21日,吴庭儒的特种武装部队袭击了南越第一大寺庙西贡舍利寺,几乎同时,南方其他各地的寺庙也遭到突袭。袭击事件掀起了5月以来的佛教徒抗议运动的最高潮,吴氏家族和吴庭艳本人被推到火山口。自僧人释广德(Thich Quang Duc)在西贡市中心自焚以后,包括西贡和顺化在内的各地先后发生数起僧侣自焚事件,而且自焚者多是20岁左右的僧人。触目惊心的场面在美国公众中引起了巨大的反响,也使肯尼迪政府很难堪。为了再次确认西贡的形势,肯尼迪同时派出了国务院顾问约瑟夫·门登霍尔(Joseph Mendenhall)和国防部反叛乱专家维克托·克鲁拉克(Victor Krulak)中将到西贡走一遭。他们各自去的地方和会见的人不同,有

---

① 时殷弘:《美国在越南的干涉和战争》,第118页。

不同的情报来源,所以调查的结果截然相反。9月10日的国家安全委员会会议听取了两人的报告。克鲁拉克说,战争正在取得胜利,吴庭艳干得再好不过了;门登霍尔说,吴庭艳政权已临近崩溃的边缘了。全场沉默,肯尼迪表情茫然地问道:"你们去的是同一个国家吗?"①不难理解,这不会是最后一个赴南越调查团。华盛顿这时对于了解事实真相的困难已经有所了解,但在9月的最后一周,还是派麦克纳马拉与泰勒再赴南越考察。此行目的之一是"决定美国对吴庭艳政府应抱有的态度"。② 可他们发现"大使馆内部不团结一致"。华盛顿已经够乱了,"反吴派集中在国务院,亲吴派一般是在国防部、参联会和白宫班子高级官员中间",使馆内部情况甚至更严重,"洛奇和哈金斯互不通报以及中情局不听指挥"。③

---

① Pentagon Papers-part Ⅳ-B-5, *Evolution of the War: The Overthrow of Ngo Dinh Diem*(《五角大楼文件》,"战争的演变:推翻吴庭艳"),p.26.
② 马克斯韦尔·泰勒:《剑与犁——泰勒回忆录》下卷,第387页。
③ 同上。

既然从华盛顿到西贡,情形基本一致,两人在他们的正式报告里索性就不提了,但不提不等于忽视,因为政变阴谋者期盼美国给出明确的支持信号。要明了美国内部的分歧、矛盾为何越来越大,就必须了解吴庭艳在南方的专制统治,正如他的那些华盛顿倾慕者越发清楚的那样,"吴庭艳的民族独立思想其实无异于确立了只有利于其家族的独裁而已"。①

---

① Joseph G. Morgan, *The Vietnam Lobby: The American Friends of Vietnam*, 1955 - 1975(约瑟夫·摩根:《越南院外集团:美国越南之友,1955—1975》),Chapel Hill & London: The University of North Carolina Press, 1997, p.x.

III

第三章

反共试验田

第一节　农村治理

实事求是地说,吴氏治下的越南共和国无论如何都跟民主、自由毫无瓜葛,然而,这并不意味着必须一概否定吴庭艳这个历史人物的所有特征,尤其是连同他的思想也加以摒弃。即使不能如近来的研究那样对其推崇备至①,

图 3-1　吴庭艳在办公,权威鼎盛期,1958 年 2 月。(Bettman Corbis) 图片来源:《冷战权贵:吴庭艳和美国越战起源,1950—1963》。

出于客观计,至少也要弄清楚其独裁专制的思想根源来自哪里,观其行的同时也要察其言。也就是说,吴庭艳的

---

① Edward Miller, *Misalliance*, pp.137-140.

社会政治观和其施政手段是密不可分的。

的确很少有历史学家能将吴庭艳的社会政治观称作"民主",更不会把他作为一个"民主改革者"来对待。吴庭艳曾亲自对一名美国记者宣称,相应于集权的历史性需要,所有欠发达国家都应该由独裁者和专制者统治。① 尽管如此,爱德华·米勒仍力排众议,认为吴庭艳并非仅仅玩弄民主、自由的辞藻,他也有他的民主观,"尽管实际情形一点都不民主,但也不代表这些观念就是一个反动官僚的愤世嫉俗的怒斥",② 他还指出吴庭艳的民主观没有得到学者严肃的对待云云。其实,米勒所谓严肃的对待就是不能脱离吴庭艳思想产生的背景,即吴受到儒家思想的深刻影响来看待吴庭艳对民主的理解。且不论他所谓吴庭艳的民主观这个提法是否严谨,对任何人的评判都是应该结合他的成长环境和经历作出的,对吴庭艳也是如此。可以说,米勒的论证缺乏新意,完全是重复前

---

① 时殷弘:《美国在越南的干涉和战争》,第 54 页。
② Edward Miller, *Misalliance*, p.137.

人的东西。①

吴庭艳在流亡期间写过一篇文章,谈到理想的国家模式:最高统治者行使万民之父的职能,他是上天和人民之间的中介,理应得到神圣的尊崇;19世纪的阮氏王朝就体现了某种礼规,不仅约束王侯的行为也制约百姓的行为,这些传统完全可以服务于20世纪越南民主的建立。② 他的整个政治观建立于怀旧之中,怀念一个只存在于传统典籍中的国家,在那里君子依礼统治,高高在上得到人民的尊崇。吴庭艳当然知道越南已经变化,但他以恢复旧社会为己任。所以,吴庭艳对民主的理解与欧美政治理论和实践完全不同,即他认为民主的实现不取决于保护公民权利,而是取决于道德义务的践行,最终要

---

① 参见时殷弘:《美国在越南的干涉和战争》,第8页。
② Nguyen Thai, "The Government of Men in the Republic of Vietnam"(阮泰:《越南共和国治理者》,密歇根州立大学论文,1962年),转引自Frances Fitzgerald, *Fire in the Lake: The Vietnamese and the Americans in Vietnam*(弗朗西斯·菲茨杰拉德:《湖畔战火》),New York: Vintage Books, 1972(该书曾连获美国新闻界最高奖普利策奖、全国图书奖和班克罗夫特历史奖。)

依靠越南人愿意拥护一定的道德思想,"我们必须重新塑造乐于牺牲、富于纪律、社会关系正派、富有责任感之精神,以利培养对他人的尊重,每个人都必须承担起与他人相关的义务,必须履行这些责任"。① 无论这些听上去有多么动人,可完全把传统嫁接到当代越南的政治实践上来必然碰得头破血流,必然导致黑暗政治。南越农村的治理和农民的惨状正是对吴庭艳的所谓道德践行的莫大讽刺。

强制迁徙和强制集中是吴庭艳黑暗统治的一个重要方面。首先受害的是中部西原高原(昆嵩、嘉莱、多乐数省)的少数民族。1957 年始,为了安置部分天主教移民和退伍军人,也为了构筑防止北越经老挝和柬埔寨渗透的"人墙",西贡政府在美国支持下将 21 万人迁往西原高原。在政府武力胁迫下,许多少数民族部落离开世代居

---

① Ngo Dinh Diem,"Hieu-trieu Quoc-dan ngay le tuyen-bo ban hanh Hien Phap,26 - 10 - 1956"(《吴庭艳号令国民召开为了宣布颁行宪法的典礼》),1956 年 10 月 26 日。

住和使用的土地,集中到狭隘的指定区域,以便政府的移民定居生息。到1961年,仅昆嵩一省就有一半少数民族人口被强制迁徙和集中,类似印第安人被驱往保留地一样,被迁的农民犹如进了集中营,而不是像之前政府许诺的社区,更谈不上舒适的生活,没有政府允许,婚丧嫁娶都不得举行。在高原少数民族之后,平原地区的许多越南族农民遭受了同样的祸害。1959年7月,在南方前越盟成员重新进行革命斗争的情况下,吴庭艳对德布罗表示,必须把湄公河三角洲的农民强制集中到政府控制的村落中去,以便使造反者成为无水之鱼。此后,根据芹苴省省长的主意,吴制订了一个长期性的人口集中计划——"农庄"计划(又称为农村社区发展中心计划)。每个"农庄"将由数千至一万名农民组成,设有统一的公共设施;各户将被售予标准的小块宅地,在其上建造标准房屋和种植蔬果。湄公河三角洲内,每省将建立两三个这样的"农庄",外加数十个小型"聚集村",把所有的农民都集中到政府的严密控制之下。到1961年,大约已建立了

26个"农庄",总人口接近10万人。"农庄"的建造是对农民的无偿盘剥。农民被迫负担所需的大量劳役,被迫抛弃旧宅另建新居。政府颁发的安家费仅值5.5美元,还不足以购买强加于他们的小块宅地。修建农庄的过程中,农民必须无偿提供劳动力。农民为到自己的大田耕作必须行走数公里,平添许多劳苦。不仅如此,"农庄"的建立强制性地破坏了农民传统的生活方式,践踏了他们对自家田园的依恋。南越农民像当年憎恨法国一样憎恨吴庭艳,农庄计划由此被迫暂停。尽管其效果不尽如人意,但吴却认为创意还是很好的,所以准备在总结经验和教训的基础上继续推进。于是,介于农庄和战略村之间的过渡性农业战略村就在1961年正式出炉了。每个农业战略村一般由约一百户农家组成,村庄的选址更趋近村民的田地,建造的步伐也逐渐放缓以满足农民的农事安排。然而,村民们还是憎恨不已,因为构筑工事得不到酬劳,丰收的时候本是他们最能放松,无须顾虑田间劳作的时候,却还要被无偿征用为劳力。建成的战略村就是监狱,每个人都配发身份证,随时出示给岗哨,甚至以不同颜色来区别忠诚。清晨,前往田间干活也要被搜身,确保农民没有携带提供给共产党的物品。天黑后,警铃响起,他们就得撤回村内,如滞留在外,就会被夜间的巡逻队枪杀。乡间原来相对宽松、自由的生活再也找不回来了。毫不奇怪,农民们自然倾向越共的承诺:吴庭艳政权倒台之时,就是你们回家之日。

吴庭艳给农民带来的祸害远不止于此。吴就职之初,事实上的行政权威不在中央政府,而在地方省长手中,他们大权独揽,被视为微型君主。吴庭艳决心打破这个局面——不是撤销省级行政单位,而是要确保自己有权替换封疆大吏。在他看来,省长这个职位展示着好的治理所需要的道德感,如果省级长官都能像自己那样勤奋,就没有必要对他们的权威施加限制。因此,传统的农村自治机构被废除,由政府派遣的各级长官取代,他们不是勤奋为民谋利,而是远比旧时的乡绅凶狠贪婪,肆意榨取、侵占农民的财物。在财政上,吴庭艳还要求地方实现自给自足,这就更加强了官员对农民无情的压榨。吴的设计是这样的:地方政府要达到收支平衡,这对官员将起到约束、克制的作用,并得到治下农民的支持参与。法国殖民统治时期征募徭役的做法就是人们提供劳动力,即使能用现金交税的人也宁愿用几天的劳动代替交税。如果省、区、乡能财政自足,那么就会有利于培养公民之间相互负有责任的道德感,这正是"民主"的核心。吴庭艳的想法与其说是天真,倒不如说是自大和无知。如此过于虚幻的目标下,仍有些评论不但不对他投以负面看法,"反倒认为他的传统品质是其最大的财富"。①

如果说以上都是技术层面的治理问题,那么南越农村最根本的也是亟待解决的问题就是消除贫困,解决土地问题。在越南南方,主要是人口密集的南圻,土地分配严重不均。据驻越使团的土地问题顾问美国经济学家沃尔夫·拉德金斯基1955年统计,占南圻人口2.5%的大

---

① Edward Miller, *Misalliance*, p.15.

地主拥有全部耕地的一半,而占人口70%的农民只拥有全部耕地的12.5%。在农民中,有2/3完全无地。在这种富者田连阡陌、贫者无立锥之地的状况中,无疑潜伏着严重的社会危机。因此美国政府希望吴庭艳进行土地改革,使"无地者得地"。但是,吴对这种有利于农民的土改不感兴趣。经过美方敦促,他迟迟于1956年7月提出了一个实际由拉德金斯基制订的土改计划,10月间用法令形式颁布,即五十七号敕令。据此,西贡政府把每户最大土地占有量限制为130公顷,超过这一限量的土地将由政府用现金加债券形式征收,然后以六年为期赊销给农民。即使从纸面上看,吴庭艳的土改也不会使南越的土地占有状况有根本改变。由于130公顷这一很高的限额,不少大地主的土地得以保留下来,而农民为获得一公顷的土地,必须支付的钱款相当于6年内收成的近一半,这显然超出其合理的支付能力。然而,实际贯彻的情况更糟。1965年,75万公顷应予征收的土地中,实际征收的仅44万公顷,而赊销给农民的仅24.8万公顷。87.5%

的南越佃农未因土改得到任何土地。一份回顾吴庭艳土改的美国研究报告指出,1968年80%的湄公河的土地仍由贫困的佃农耕种,实际上,自1954年,这个数字基本上没变过。① 更有甚者,吴庭艳还剥夺了前解放区农民分得的土地。越盟在南方无偿分给农民土地约60万公顷,但日内瓦会议后,西贡政权宣布越盟土改无效,支持地主"反攻倒算"。一位南越农民对美国人叙述了其中的一个方面:"抗法期间,许多富裕的地主从乡下逃往城市。没有土地的贫苦农民便在荒废的土地上耕作。和平恢复后,地主回到村里……地方官不来帮助穷人,反而帮助地主收回土地。"②西贡政权还没收大量原为法国人所有,战争期间被越盟分配的土地。这些土地上的农民一下子从自由小农变为政府的佃户。越盟实行的减租减息措施也被废止,地租从原先不超过二成五增加到约四成。

---

① U.S. House of Representatives, HR No.1142,"Land Reform in Vietnam"(众议院第1142号文件《越南的土改》),Washington D.C.:GPO, 1968,p.3.

② Frances Fitzgerald,F.,*Fire in the Lake*,p.114.

为什么吴庭艳未能进行彻底的土改？有学者认为他不愿意挑战大土地所有者，他的内阁部长就是大土地所有者，五十七号敕令仅仅是个伪装，用来隐藏他维持农村现状这一真实动机。这个解释不见得完全正确。事实是，吴庭艳政权既没赢得农民，也得罪了地主，他们也心怀怨愤。佃农可以耕种无主地或抛荒地，这样一来，那种地租收成过半的好日子便结束了。受五十七号敕令影响的只有大地主，不过他们把名下的土地转让给家庭其他成员来逃避法令，或寻找像"祖上继承"这样的借口突破政府规定的上限。政府在政令贯彻过程中表现出的无能和腐败更疏远了农民，从高层到基层，官员不作为，绝大多数负责土地转让执行工作的官员本身就是地主。而吴庭艳拒绝把天主教会占有的37万亩土地划归政府重新分配加剧了问题的复杂化。一定程度上说，吴庭艳也不是对农民的贫困视而不见，他称他们"是真正的无产者"，但他认为，农村变革的核心不是全面土改，而是取决于重新安置战略。

1954年,美吴当局煽动大量北方人口南迁,一时间南方人口暴增。美国政府和一些私人基金会加起来大约提供了3亿美元安置费。① 即使如此,也难以抵挡潮水般的人群。没有更多住房,赛马场、大剧院、学校、医院、教堂凡是能容纳的地方全部挤满了人,20人一间,供水设施也远远不够,南来的人们只好暂居在匆匆搭建起来的临时住所;缺医少药,疾病瘟疫随时都会爆发。到1955年春天,几乎近一百万人生活在临时安置房内,屋所沿着公路绵延数里。所以,吴庭艳的安置计划首先是为减轻城市及周边人口压力。该计划还可以促进农业扩张,有利于农业生产多样化。当然,还有军事、安全目的。具体做法是把大量农民迁往无人之地,建立新社区。他的目标不仅仅是把土地分给无地之人,而且还要促进更广泛的目标——经济的、政治的、意识形态的,终极目的

---

① G. M. Kahin, *Intervention: How America Became Involved in Vietnam*(乔治·卡欣:《干涉:美国如何卷入越战》), New York: Alfred A. Knopt, 1986, p.77.

是在农村建立一个中等富裕的自由农占主导地位的社会。1956年土改规定每人土地拥有量最高为一百亩,这个数字比日本的土改还要略高些。吴庭艳对一位建议再降低人均土地量的美国官员说:"你不会理解,我不能消灭我的中产阶级。"①那么,这样的安置计划是如何实施的呢?

吴庭艳甫一上台,政府控制的媒体就把中部高地地区吹得天花乱坠,称这里"巨大的农业和经济潜力可以支撑大量新住民",湄公河右岸"目光所及处,土地大量闲置",②荒芜的地区被说成土质肥沃、风景优美、气候宜人的乐园,③简直就是以诱骗的方式使贫民离开城市。除了犁田耕地外,居民们要培养的社会价值观既不是共产主义式的集体主义,也不是个人主义的温床,向穷困者和无地者提供成为自由农的机会不是目的,而是吴庭艳改

---

① Edward Miller, *Misalliance*, p.161.
② Ibid., p.163.
③ 亨利·莫尔:《越战前后目击记》,第184页。

造南越农村组织这个更宏大计划的一步。重新安置计划的核心概念之一是,假设农民可以自足,但不是经济层面上的自足,而是指居民中间互相团结,联合起来增进新社群的集体利益。克服个人自由主义和过度依赖政府支援这两个弊端的方法唯有鼓励大家相互依赖,所以其社区发展概念和自足是密切相关的。如前所述,50年代初,社区发展在美国和国际援助专家中很有市场,他们主张小规模、以社区为中心的发展模式。当吴庭艳版"社区发展"出笼时,美国专家和官员们以为这就是他们设计推行的路径,岂知吴庭艳并不按他们的套路出牌。吴庭艳当局把社区发展定义为:动员人们积极参与政府公共工程,积极做贡献。定居者和农民必须常常集中起来,被迫参加劳动,犁地、挖渠、修路、盖房子。在吴庭艳看来,这种劳动的辛苦实际上可以促进对人们的教育。实际上,对吴庭艳安置方式颇有微词的美国人都相信,如果不是要被迫干太多活或为了追求模糊的价值而牺牲,安置计划对农村人来说简直完美。可问题恰恰就出在这里,吴庭艳宣扬的是一套虚幻的道德说辞,架之过高便是虚伪,他遭农民和移民的怨恨和抵制是必然的结果。安置计划不切实际终而破产。

盖山(Cai San)项目①就是吴庭艳政权安置计划失败的一个缩影。靠近龙川镇的这片土地曾一度是稻米产区,在越盟跟法国作战期间被闲置。吴庭艳当局打算在这里挖渠贯通全区,使难民沿沟渠分布。法国曾在这片漫滩尝试安置人口,但都没成功。吴庭艳决心创造奇迹,美国也同意拨付所需的款项和机器设备。1956年1月,政府就把定居者运到这里开挖沟渠,建造家园。他们要趁雨季来临之前做好一切准备。每个月都有数百难民涌来,到5月就已经有三四万人口。可是,房屋远不够用,犁地用的拖拉机大多数到这个时候还没送到田间,已经就位的设备都装了重型钢轮,很容易陷进漫滩的泥泞土壤中。更要命的是,那年的雨季比往年提前了六周。种

---

① 盖山,位于越南西南部的一条河。

植过程中也有问题,几乎没有人能搞明白如何在湄公河的洪泛区耕种稻米,因为它们会漂浮起来。除生产受挫外,还有社区矛盾的激化。强制迁徙来的移民,只要发现空地就立刻定居下来,随着人口越来越密集,外来者和当地居民发生矛盾。因为这里的土地虽数年无人耕种,但并不是无主之地。吴庭艳当局承诺从前的居民返回,可以和难民得到同等补贴及其他支援。但这没有避免迁居者和当地人的冲突,政府的模糊政策加剧了紧张。这个项目在 1956 年土改之前就已经启动,政府没有针对项目制定任何明确的执行法令,迁居者只好跟佃农一样在这里先干上几年,购地变得遥遥无期。8 月末,政府下令,难民必须和土地拥有者签署租赁合同,这招致了主要是天主教难民的抗议,他们觉得受了欺骗,之前的种种承诺都没兑现。吴庭艳出动军队,限制在定居区内的人员流动,长达数周停发粮食和现金补贴。最终,民众同意签合同,但前提条件是,他们可以固定利率在合同到期之前购买所耕之地。如前所述,实际贯彻情况远不是如此。不过极力为吴庭艳的土地政策叫屈的米勒却做出了这样的评论：表面上看，吴庭艳捍卫地主的利益，但其实这其中的纷争与吴的南越逐步"中农化"的规划有关。吴庭艳不是不承认难民的土地所有权，只是要等几年，即在培养他盛赞不已的道德品质的过程中，渐渐实现普遍的所有权。① 在饥饿匮乏面前，吴庭艳要求人们具备道德情怀，要勤劳忍耐，接受画饼充饥的方案，若不说是残忍，至少也是不切实际，其凝聚人心的方式使他更丧失了人心，也暴露出吴庭艳的极端自以为是的性格。吴庭艳固然有其宗教倾向，南迁的天主教集团更是吴庭艳统治的社会基础，可是，普通的天主教徒或者说教徒中的下层在吴庭艳的统治下境地极其悲惨。

在西贡市郊有一个所谓"人肉市场"，在这里，越南妇女像牲畜、农具一样被以一定的价格出售。尽管警察几次试图严厉取缔这种"有伤风化"的买卖，但是饥饿这个

---

① Edward Miller, *Misalliance*, p.169.

无法逃避的债主迫使人们不得不卖掉自己最后的财产：女人。边和市（Bien Hoa）约五百米长的河岸上，是专门进行人口交易的黑市，被卖者多是没有劳动能力的妇女和儿童。她们大多数是来自北方或从"垦田区"逃回西贡的难民，既无土地，又无住房，为使家里人能够生存下去，父母或者丈夫只有采取这残酷却唯一的办法。那些来自北方的难民妇女在吴庭艳政权"净化城市"的政策下显得更为恐慌，为了避免被送到新经济区去垦荒，她们宁愿为奴而留在西贡。1955 年 7 月被强行送到"垦田区"的 50 名北方难民妇女全部饿死在山中的消息，使还留在西贡的难民处于极度的惊恐之中。而在边和一个成年姑娘的价格从六千元越南币下降至一两千元，不到普通工人一个月工资的半数。① 即便如此，也还是阻挡不了大量农民逃到城市，因为糟糕透顶的土改使人们看不到希望。他们普遍存在一种想法：多生产粮食为了什么？反正也

---

① 亨利·莫尔：《越战前后目击记》，第 45 页。

吃不饱,说不定哪天还要坐牢。这一切促使农民对土地和生产完全失去兴趣。西贡—堤岸附近的农民涌入城市行乞,迫使吴庭艳政权不得不成立"反行乞委员会"。然而,大量农民还是不断向城市涌来,这就更加剧西贡—堤岸、嘉定等地 30 万小贩和贫民生活的动荡不安。即使是身强力壮的男子也不得不加入乞丐、盗匪、毒贩的行列,而女人们则毫无选择地涌向"人肉市场"。

第二节　特务政治

　　吴庭艳统治的社会基础极其稀薄,南迁的天主教集团、大地主买办和所谓的新的中产阶级,这一小撮人是他的热烈拥护者。他回到西贡就职当天,机场冷冷清清,除了美法等国使馆的少量人员和数百名天主教徒外,几乎就没有什么人了。其支持者中,买办是那些拥有特权的进口商,他们清楚地知道西贡政权的长存将保证自己永远腰缠万贯。中产阶级是那些受惠于美援的政府官员、资本家等。美援大量流入使上述人群或以政府薪俸或从进口销售等各种渠道获得强劲的购买力和大量商业收入,这就是吴庭艳获得他们忠诚的缘由。因此,真正同吴庭艳命运休戚相关的只有天主教集团。吴庭艳政权的政治基础比起社会基础更狭隘。如前所述,吴庭艳就任之初,他的敌人虎视眈眈,以至于"外国媒体每天都在预测吴政权即将垮台","唯一似乎可以确定的事就是他干不了多久"。① 吴庭艳虽然在中情局的策划下统一了南越军政,但最后关头能挽救他的只有他自己。因此,吴庭艳不会轻易相信任何人,疑心重重地看待每一个人,尤其对文官带有深深的敌意。他深知一定程度上要依赖这些人,但同时又不愿过分相信他们,认为不少人缺乏良好管理者所必需的道德品质。吴庭艳以自己为标准,把官员加以区别,1945 年以前上任的就和自己一样,有勇气为

---

① Seth Jacobs, *Cold War Mandarin*, p.64; Edward Miller, *Misalliance*, p.87.

国家献身,但1945—1954年在殖民当局工作过的就失去了道德抱负,成了殖民主义的奴仆。因此,后者不能参与到政府工作中来,直到改过自新为止。① 这种自大和傲慢使他不能容忍异己,为此竭力排斥、压制和打击不同政见者,甚至对已经构不成威胁的教派领导人也务求赶尽杀绝,而不是把曾经的合作对象转变成政治资本。在剿灭了平川帮后,吴庭艳采取的第一个行动就是逮捕巴剪。后者是被诱捕的,并被判处死刑。这件事给吴庭艳招来独裁者的骂名。郑明世不久后也遭到枪杀。有人说他是被法国特工报复,也有人说是被平川帮杀害,还有可能就是被吴庭儒借机干掉。尽管最后这种可能的证据最不充分,但是,即使他活着,也不会被吴庭艳视为亲信,因为后者只信任他的家族。科林斯正是看到吴庭艳缺乏团结各

---

① *FRUS*, 1955 - 1957, Vol. Ⅰ, Washington, D. C. : GPO, pp. 831 - 837; William Colby, *Lost Victory: A Firsthand Account of America's Sixteen-Year Involvement in Vietnam*(威廉·科尔比:《失去的胜利:对美国卷入越南十六年的第一手描述》), Chicago: Contemporary Books, 1989, p.86.科尔比曾任中情局西贡站副站长、站长,后任中情局局长。

派别的能力,"几乎完全是孤立的",才再三主张换马。

吴庭艳的政治机器是人员经过挑选和过分集中的家族寡头政治。他保持着代议制政府的门面,但事实上政府的实质却是独裁,吴氏家族成为西贡政权的权力核心。吴庭艳之兄吴庭叔是南越大主教,掌握举足轻重的天主教会,企业商人都"自愿"捐款给教会。三弟吴庭瑾虽无官方头衔,却是中圻真正的统治者,人称顺化藩王,他决定企业能否争取到订单,只有忠于他的人才能到各地方政府任职,他还掌握着向全亚洲输送走私鸦片的渠道。最小的弟弟吴庭练任驻英国大使。二弟媳陈丽春任"妇女团结运动"领导人,实际兼任总统政治幕僚和内务总管,人称西贡女皇,其父任驻美大使,其母是驻联合国代表,她的叔叔任外长,其他亲戚也任职于军界、政界的关键岗位。最有权势的就是二弟吴庭儒,他和那个半秘密的勤劳党是吴庭艳维护其家族统治的得力工具,西贡政权的特务政治借此得以无孔不入。

1954年10月,吴庭艳任总理后不久,勤劳党就建立了一个外围组织——国民革命运动,目的就是鼓励告密、揭发共产党,负责人是陈政青(Tran Chanh Thanh)。此人曾是越盟干部,后叛逃西贡,结识了吴庭儒,是勤劳党的创立者之一。借着所谓"革命经验",他把国民革命运动向乡村一级渗透,到50年代末,该组织成员达150万人。起初,该组织主要负责恐吓异己力量。国民革命运动还定期组织亲政府的集会游行,以再教育为名进行洗脑。为了便于监视、控制并防止异己的出现,1955年7月,吴庭艳政权又建立了一个隶属于国民革命运动的组织——文职人员联盟,只有表现出"民族主义者精神"的文职人员才有资格加入。成员必须参加学习小组,出席各种教育会议。广大文职政府人员当然极不情愿,但也别无选择,除非他们不要饭碗。这里面就有一个问题:如何辨别文职人员的忠诚度呢?为此,吴庭儒在勤劳党内专门建立了一个情报部门,是与政府情报机构相平行的秘密特务系统。这个被称为政策和社会研究部的组织由吴庭儒的亲信陈金宣(Tran Kim Xuyen)负责。此人是由北方南下的天主教徒,也许是为了博得吴氏家族的信任,他是吴庭艳亲信中最卖力的一个。短短几年之内,政策和社会研究部就形成了完善的组织架构,从事各种秘密活动,触角遍及政府系统。勤劳党还向军队和警察部门渗透,大致从1959年起,南越政府军中兴起了向国民革命运动献忠心的活动,政策和社会研究部在促使吴氏政权对党政军控制日益增强上起到了不可替代的作用。陈金宣还想方设法建立了勤劳党控制的企业,通过党内的一个投资委员会侵入了南越几乎所有的经济活动,勤劳党积聚的大量钱财充作该党的活动经费。吴庭儒本人则亲自控制着一个特殊部门,即武装特务部队隆成营(隆成营是特务部队的秘密训练营地,故名)。吴庭儒对这支忠实于他的亲信部队格外优待,其供给和装备比其他陆军部队好得多。当其他部队到了发不出军饷的地步,隆成营却丝毫不受影响,甚至士兵家中困难的还可能得到额外补贴。另外,吴庭儒特准该部队在每次扫荡后将年轻妇女带回营地,当然那些妇女是作为统一财产关在一座工事内,每逢周末轮流分配给各营的士兵。以上各种措施使得这支部队成为吴庭儒与陆军抗衡的一股强大的势力。国民革命运动的经费来自中情局,每月都从西贡站领取;政策和社会研究部成员由西贡站隐蔽行动部门专门培训;武装特务部队得到中情局提供最先进的武器装备,日常训练也是西贡站一手帮助训练的。①

虽然直到现在,有关美国和勤劳党的关系还很模糊,无论是70年代的《五角大楼文件》、陆续公开的《美国对外关系文件》越南各卷,还是近来解密的《中情局和吴庭艳家族》都讳莫如深,但是透过一些零星的碎片还是不难看出,没有美国的鼓励、认可甚至纵容,勤劳党要主宰南越的政治是不可想象的。但是,与美国人的期望相距甚远,勤劳党大部分资源不是用来对付越共,而被用于监控

---

① Edward Miller, *Misalliance*, p.133; Thomas L. Ahern Jr., *CIA and the House of Ngo*, p.118;亨利·莫尔:《越战前后目击记》,第112页;[美]托马斯·鲍尔斯:《守口如瓶的人——理查德·赫尔姆斯和美国中央情报局》,黄祖辕等译,北京:群众出版社,1985年,第232页。

政府职员和吴氏的反对派[①]，甚至及至一般普通民众，由此产生的压力使许多人不敢越雷池一步。无足轻重的政治怨言会招致逮捕、放逐或监禁，甚至有个人被看到朝独立宫方向挥了下拳头就被关进集中营，还有人就因为讲了一个吴庭艳的笑话就得到同样的下场。直到吴庭艳快垮台前，个人护照都要他亲自签署才生效。除很少几种例外情况，任何集会甚至亲属聚会必须经警察批准。政府命令街坊邻里成立家庭联组，履行监视居民和向政府报告动向的职能。为了加强在城市的专制统治，吴庭艳政权还大肆践踏一般市民的自由权。连市民的日常娱乐和私生活也遭到种种专横无理的管制。根据"保护道德法"，禁跳任何舞蹈，禁唱柔情歌曲，禁止打拳斗牛，离婚需经信奉天主教的总统批准，避孕而不悔改者判五年徒刑。吴庭艳统治时期是一个十分黑暗的年代，从农村到城市，社会矛盾普遍空前激化，西贡政权不仅仅是疏远人

---

① Thomas L. Ahern Jr., *CIA and the House of Ngo*, p.118.

民的问题,针对共产党的白色恐怖更是骇人听闻,其反人民的性质充分暴露。

第三节 白色恐怖

关于在越南停止敌对行动的日内瓦协议第十四条规定:不得因任何人或组织在战争期间加入一方或另一方而对其进行任何报复或歧视,必须保障其民主的自由权利。但是,吴庭艳在美国的纵容和支持下,大肆迫害在南方的前越盟成员以及进步群众,实行持续不断的白色恐怖。日内瓦会议结束后不久,美国军援顾问团和兰斯代尔小组便拟订了一项"平定解放区"的纲领,1954年年底,由吴庭艳当作"国家安全行动指令"发布。据此,西贡政府军首先于1955年年初在金瓯半岛动手,然后迅速控制了几乎所有"解放区"。在这种"国家安全行动"中,遵照日内瓦协议停止作战的抗法组织及其成员被当作军事清剿对象,毫无权利和安全可言。军事清剿得逞后,吴庭艳进行大规模的政治迫害运动——"除共运动"。在南越各地,政府强迫农民公开告发他们之中的共产党人和"亲共分子",而许多曾遭革命打击的地主和乡间恶棍则以告发为报复手段。被告发者或被处决,或被长期监禁,或被关进"再教育营",直至被迫供出同志和武器储存处。虽然缺乏公认和完整的统计,但一些资料仍显示出当时遭到迫害的人数之多。一位北越学者估计,被捕者达25000余人,遭处决者1000余人,被殴打致伤者4200余人。① 西贡政权的官员则于1956年年初宣称,有15000至20000人被关进集中营,而向政府"投诚"者达95000人。② 1956年1月,吴庭艳发布六号政令,反共迫害运动由此升级。这项政令规定,凡对"国防和公共安全"有危险的人物,经行政部门决定即可拘押、放逐、软禁或管制

---

① William Duiker, *The Communist Road to Power in Vietnam*(威廉·杜伊克:《越南共产党人取得政权的道路》), Boulder: Westview Press, 1981, p.174.

② G.M. Kahin, *Intervention*, p.96.

两年。这不仅使政治集中营合法化,而且扩大了迫害的范围,使西贡政权及其各级官员实际上能为所欲为地打击任何嫌疑者。据北越学者估计,仅 1957 年就有 2000 余人被杀,65000 人被捕。① 根据越共文献记载,1954 年南方党员大致有 60000 人,接下来的五年里锐减了 90% 以上,只有大约 5000 名。有成千上万人被西贡当局或抓或杀。② 在许多乡村,越共的地方活动被吴庭艳的安全部队铲除,离西贡最近的两个区党员人数从 1000 名下降至不到 400 人,1959 年年中,这两个地方的党员加起来只有 6 人。1958 年,吴庭艳当局完全控制了中圻,劳动党作为一股政治力量似乎被消灭殆尽。震慑是有效果的,但并不充分、稳定,因为其中有错抓、错杀。显而易见,受迫害者并不限于前越盟成员和进步群众。"除共运动"为各级官员和地方恶棍提供了邀功求赏、报复私怨或捞取钱财的良机,从而大大增加了被害者的人数。国家

---

① William Duiker, *The Communist Road to Power in Vietnam*, p.183.
② Edward Miller, *Misalliance*, p.198.

警署安全局的工作人员自己承认,"毫无纪律可言",滥用职权不会被处罚,不过就是调往另一个省。① 吴庭艳授权各省省长不经审讯甚至不需备案即可处决共产党嫌疑人,这实际上鼓励了滥捕滥杀,"除共令"打开了暴力的潘多拉之盒,允许那些有枪的越南人对手无寸铁者施行恐怖政策。

1959年5月,吴庭艳颁布1959年十号政令,批准成立特别军事法庭,其在迫害的范围和严酷程度上远超出1956年1月的政令,并将现行的许多措施合法化了。其中最重要的规定是,任何人凡犯有或企图犯有侵犯"国家安全"罪,或者凡属旨在帮助犯下此等罪行的组织,一经抓捕,即由特别军事法庭在三天内判处死刑,不得上诉。在吴庭艳因1956年处死和好教头目巴剪后,吴氏当局似乎不对政治犯施以极刑了,然而十号政令颁布后,吴庭艳又转回头用死刑吓退敌人,政治迫害达到了最高潮。密

---

① Edward Miller, *Misalliance*, p.198.

歇根州立大学驻越顾问组在1960年秋估计,每月政治逮捕近5000起,比一年前增加了7倍。① 据其他一些资料,到1961年年底,南越各监狱囚禁的政治犯已达15万人。② 被捕入狱者遭到罕见的迫害,尤其是女犯。20世纪60年代在国际上臭名昭著的昆宋岛(Con Son)"虎牢"折磨犯人更是残忍至极。后来,美国情报部门还为南越警察提供了一批新式电刑工具。在十号政令之前,大多数死刑都在昆宋岛上执行,不大为外界知道,但此后多在市区执行。

吴庭艳专制统治制造的对手远比它消灭的要多得多,白色恐怖激起的南方革命斗争如火如荼,对吴庭艳政权抱着纵容乃至赞扬态度的美国和它的关系也越来越困难。在这种氛围中,华盛顿和西贡的倒吴声日益高涨,垂暮之钟已经敲响。

---

① *FRUS*,1958-1960,Vol.Ⅰ,Washington,D.C.:GPO,p.587.
② Gabriel Kolko,*Anatomy of War*(加布里埃尔·科尔克:《剖析越战》),New York:Pantheon Books,1985,p.89.

IV

第四章

日暮途穷

第一节 难以为继

1957年2月,吴庭艳在中部高地遭到刺杀,这次暗杀行动主要是劳动党内的南方派策划的。尽管行刺者距离吴庭艳只有几步之遥,但未能打中他,自己反被擒获。吴庭艳继续镇静地演讲,但他对共产党的镇压却不如外表那样"从容自若",而是密集地实施逮捕,上千名越共干部遭到厄运。吴庭艳尤为强调预防内部颠覆、"叛乱",主张采取软硬两手。他的考虑基于两个方面:对1954年后印支总体局势的评估和其本人30年代打击中圻越南共产党的经验,从而形成了他独特的解决共产党"叛乱"的方法。他没有忽视争取农村人口的支持,尤为强调大规模动员、灌输等方法的重要性,当然,他也用严酷的压制、极权的方式根除、摧毁对手的秘密网络。很多时候,他不担心后一种方法可能会削弱前者的效果。吴庭艳曾对下属说:"恐惧是自觉之母。"①他对南越"叛乱"危险的认知受到他对越南国家统一的令人惊讶的乐观愿景的影响。吴庭艳不希望越南的分裂是永久状态,他认为这种共存不过就几年时间,只要越南共和国的经济模式和社会发展越来越稳定,共产党发现掌权越来越困难,最终会有新的难民出走到南方来,规模会超过1954—1955年,人口的转移将促成河内政权垮台,越南共和国完成国家统一。② 他也不会天真地以为共产党会放下武器。为阻止对手的颠覆,吴庭艳主张制订一个全面的防御计划,囊括老挝、柬埔寨、南越,扩大到印支范围,铺设一个跨境公路网,破坏河内对南方的人员物资渗透。而极力赞赏他的反共立场的美国人对内部安全和反颠覆有自己的看法,一些官员批评吴庭艳过多关注外部防范,但吴坚持说这

---

① Edward Miller, *Misalliance*, p.193.
② Philip Catton, *Diem's Final Failure: Prelude to America's War in Vietnam*(菲利普·卡顿:《吴庭艳的最后失败:美国越战的前奏》), Lawrence: University of Kansas Press, 2002, pp.46 - 47; *FRUS*, 1955 - 1957, Vol. Ⅰ, Washington, D.C.: GPO, p.774.

只是他内部安全措施的外延。① 这种分歧在艾森豪威尔政府末期有关保安队的争论上就已很明显。

如前所述,美国使团内部关于保安队的任务究竟是什么就意见不一致。保安队,即南越民警部队。密大专家顾问团认为它就是一支警察部队,不是军事组织,却遭到以威廉斯为首的美国军事援助顾问团的强烈抵制,后者认为保安队就是准军事力量,应当发挥辅助军队的作用。定位不同,装备自然有差异,前者眼里,保安队是轻装警察组织,后者看来,它要拥有直升机和装甲车等重武器装备。美方内部的争吵持续数年之久,后来肯尼迪"反叛乱"政策升级,早先的分歧在新形势下更呈现白热化状态。

吴庭艳的想法与任何一方都不一样。他既不视保安队为常规警察机构也不视其为准军事辅助组织,而是一支两种功能都具备的力量,不仅可以维持秩序又可以对

---

① *FRUS*,1955－1957,Vol. Ⅰ,Washington,D.C.:GPO,pp.610－614.

付共产党。有意思的是,在美方两个意见中,吴庭艳倾向于美国军事援助顾问团的判断。威廉斯一直建议吴庭艳制订一份全面反游击战计划,执行这个计划的主要力量就应当是保安队这样的准军事组织,让南越政府军腾出手来对付所谓北越入侵这个外部威胁。这个思路与吴庭艳的考虑大体一致,因为只要按照军援顾问团的主张来,西贡政权可能会争取到更多的美援。于是,吴庭艳在军援顾问团的支持下,向大使德布罗提出了如此要求。但是,按吴庭艳的设计,南越每个省、区都将驻扎保安队,大致有60000人,这是一个较为庞大的规模。密大专家顾问团反对吴的规划,认为保安队既不需要深入专业的军事技能也不需要庞大的人力储备,25000人足矣,足以建成一支类似综合美国州警察、国民卫队在内的武装。[1]最终,华盛顿采纳了密大专家团的意见,并且拒绝提供大

---

[1] Michigan State University Police Advisory Staff, "Organization of the Law Enforcing Agencies of the Republic of Vietnam", Apr.1956(密歇根州立大学警察顾问团工作组,《越南共和国法律实施组织机构》,1956年4月),哈佛大学法学院图书馆。

量资金,迫使吴庭艳放弃要求。保安队实际上未像吴庭艳希望的那样提供有效的反游击战能力。争执并未就此结束,1957年9、10月间,美吴之间开始就保安队的隶属问题再次争吵,吴庭艳以减少行政摩擦为名将保安队由内政部转归国防部,密大专家以控制文职为名强烈反对,他们还不满吴庭艳把军官填充到保安队高级职位上的做法。大使德布罗支持密大专家,军事援助顾问团则站在吴庭艳一边。在一次和吴庭艳的私下会晤中,威廉斯轻蔑地称,密大专家组是"看不见长远格局的那类警察"。①争执的实质在于军援数量,一旦保安队由国防部统辖,它在装备上不亚于正规陆军,美援就应当相应增加。美方对吴庭艳的动机了如指掌,拒绝了他的设计,还要求将保安队人数减少近40%。吴庭艳最后大有保留地做了退让。对华盛顿的吝啬感更为不满的当然是威廉斯,他试图让军事援助顾问团接手保安队,这样一来,既可以为其

---

① Edward Miller, *Misalliance*, p.193.

提供辅助军事训练,还能以顾问团的名义给予一些武器装备。这是一种迂回策略,自然也被华盛顿否决,但是威廉斯还是帮助保安队从美国驻日本的武器仓库里得到了部分设备。而后来南方武装斗争再度掀起和发展的事实证明,恰恰是美国的吝啬造就了这个局面。

随着南方武装斗争于20世纪50年代末兴起,游击战已经成为西贡当局面临的主要危险,继任的肯尼迪极其重视"反叛乱",上任不久,白宫把在南越"反叛乱"确定为美国对外政策最优先的事务之一。① 肯尼迪曾对西点军校的毕业生说,游击战是一种完全特殊的战争,要对付它就要有特殊的战略、特殊的部队和特殊的军事训练。② 在"反叛乱"思想指导下,肯尼迪对越南干涉事业要比共和党前任慷慨得多。增加对越军援是肯尼迪采取的第一

---

① *FRUS*,1961-1963,Vol.Ⅰ,1961,Washington,D.C.:GPO,p.40.
② Roger Hilsman,*To Move a Nation: The Politics of Foreign Policy in the Administration of John F. Kennedy*(罗杰·希尔斯曼:《推动国家:约翰·F.肯尼迪政府的外交政策政治》),New York:Delta Books,1967,p.415.

个具体措施,其中一直得不到美方重视的保安队立即得到 1270 万美元的拨款,用于装备和训练 32000 名保安队队员。① 这是吴庭艳乐意看到的结果,但矛盾也日渐突出,战略村计划及其失败就是双方分歧集中的表现。

该计划是英国人罗伯特·汤普森(Robert Thompson)向吴庭艳提出的,汤普森 50 年代曾任英属马来西亚国防部长,因打败共产党游击队而名声大噪。他根据在马的狭隘经验向吴庭艳强调,越南南方民族解放阵线(以下简称"民解")主要不是通过经济和社会改革赢得人民支持,而在于力图对成千上万的村庄实施强制控制,因此,战胜民解的唯一途径就是以其人之道还治其人之身,即通过把农民集中到严密设防的据点中去,把农民同民解隔绝开来。一旦做到这一点,民解武装将成为无水之鱼,政府军能以逸待劳对之加以围歼。② 吴庭艳早就有依靠人口

---

① *FRUS*,1961-1963,Vol.Ⅰ,1961,Washington,D.C.:GPO,pp.15-16.
② Leslie Gelb and Richard Betts,*The Irony of Vietnam: The System Worked*,(莱斯利·盖尔布、理查德·贝茨:《越战讽刺剧:机制起作用》),Washington,D.C:Brookings Institution Press,1979,p.85.

强制集中来控制农村的考虑,且实施过类似的农庄计划,因而他很快采纳了汤普森的设想。可是,汤普森和他的小组是美国邀请来的,英国政府应美国的建议,向南越派出了这个所谓"反叛乱"顾问组。很显然,汤普森的设想与美方的基本原则并不相悖,但具体的手段、方式则大相径庭。

以大使为代表的相当一部分美国驻西贡文职官员认为,要扭转南越越来越严峻的局势,仅靠军事手段是远远不够的,还必须进行政治和社会改良。这样的呼声在华盛顿得到了不小的呼应。肯尼迪政府在南方发动特种战争后,旨在体现这种主张的做法便是"绥靖行动"(又称安抚计划)。绥靖内容和目的就是依靠保障农村安全、提供医疗教育等争取农民支持反越共斗争。换言之,军事和政治手段并用,从而更多笼络民心。然而,吴庭艳在操作中"并没有遵照美国建议的优先顺序和时间选择",几乎"按照自己的计划和逻辑行事"。原因不外乎有二:(1)回避美国方面一再敦促其实施的改良;(2)有关该计划的美国援助不是一开始就有的,1962年3月,吴庭艳才得到美方出资的承诺,此时距离第一个战略村建成已经半年有余。

首先,在战略村计划推进上,吴庭艳政权完全是跨越式的。在美国承诺给予资金后,差不多一个月之内南越就建立了1300多个战略村。1962年8月,吴庭艳就决定在南方全境广泛建立战略村,两个月后,西贡政权就宣布已建立或即将完成近6000个,三分之二的农村人口被集中在战略村内,到1963年年底,战略村将有8000个。① 其次,狂热追求进度导致效率低下,当时设防齐备的仅1500个。远东事务助理国务卿罗杰·希尔斯曼(Roger Hilsman)这样描述他1963年在南越见到的几个战略村:它们的设防是骗人的,一条护村沟,一道顶上安置铁丝网和竹签的围墙,弯弯曲曲围着稻田的房屋,长得足需一个师的部队守护,但是守卫者仅是几个老头。② 再次,

---

① 时殷弘:《美国在越南的干涉和战争》,第123页。
② Roger Hilsman, *To Move a Nation*, p.456.

各级官员的腐败。南越官员更感兴趣的不是帮助农民,而是战略村计划抑或别的什么项目能带来升官发财的机会,政府给予农民的少得可怜的搬迁补偿也被官员们吞掉,即便美国后来发现问题后对援助资金等进行广泛监控,也仍然不能有效遏制腐败。同时,美国军方对待战略村的态度冷淡。很大程度上只是肯尼迪本人对"反叛乱"有浓厚兴趣,其中,"反叛乱"理论家、总统国家安全事务顾问罗斯托有关第三世界的现代化理论使得肯尼迪对美国发起在南越的特种战争,进而有效消灭共产党游击武装抱有充分的信心。军方则囿于正规战争的观念,希望西贡军队更加灵活,更具进攻性,更好地承担起对北越的进攻和防御活动,而对战略村这样过度分神费力的民防活动并不热心。这些相互冲突的观点从未得到充分有效的沟通,为推进战略村计划建立的多个组织机构之间不是不能有效协调,就是关系更加复杂化,导致有时连评判一个战略村是否已经建成,是否能发挥所期望的作用都无法确认。这样,美国人内部对吴庭艳政权的评估就很有可能出现截然相反的意见,众说纷纭,莫衷一是。最后,美国的耐心丧失殆尽。1963年2月,白宫高级助手迈克尔·弗雷斯特尔(Michael Forrestal)在给总统的报告中说:"谁也不知道去年被打死的20000名越共中有多少人是完全无辜的,或至少是能加以说服的村民,战略村计划提供的政府服务是否足以弥补它要求作出的牺牲。"①

事实表明,战略村计划并没有将越共同农民隔离开,反而把农民同政府隔离开了,结果是削弱了安全而不是加强了安全。不过,这并不意味着美国人都是正确无误的,更谈不上高尚,对无辜者被当成越共消灭的担心并不是什么人道主义,只不过是在意成本和效率而已。从根本上讲,他们没有人搞明白越南战争的性质,或者就不想明白。从微观的层面看,事实上,包括战略村计划在内,吴庭艳政权在美国称为改良的广泛问题上之所以缺乏成

---

① 亨利·莫尔:《越战前后目击记》,第97页。

效,抛开更深远的历史、社会、政治根源不论,单就双方关系来讲,美国是难辞其咎的。因为对于改良本身,美国政府从艾森豪威尔到肯尼迪,都是半心半意的。吴庭艳政权不改良就无法稳定其统治,实行改良又必然削弱其权力,而这种权力被美国视为对付共产党人的必要工具,以至于改良一而再,再而三地被弃置。实际上,在美吴战略村计划未实施之前,吴庭艳和美国的矛盾在肯尼迪就任总统后不到一年的时间里就已经日趋激化,因为吴庭艳拒绝接受肯尼迪"有限伙伴"关系的方案。

加强对越干涉从肯尼迪上台时就开始了。肯尼迪偏好的南越"反叛乱"计划虽涉及吴庭艳政权改良的范围,但主要体现了军方的观点。军方认为,改良的重点应放在改善政府程序以提高作战效率上,这样一来就意味着要改组南越军事指挥机构。为达到目的,大使德布罗奉命向吴庭艳表明,计划中的援助将以他是否从命为转移。吴庭艳一如先前,拒不接受美国的要求,与美国人分享权力——这是他极不愿意的。改组军事指挥结构的要求随即被完全放弃了。但这远不是结束,军方的目的不只改组军事组织那么简单,它甚至希望美国派兵进入南越。1961年4月底,老挝危机高潮期间,国防部长麦克纳马拉和一些军方领导曾表示考虑向南越派遣战斗部队。由南越"反叛乱"计划修改而来的"越南行动纲领"中就明确了这个意图,提出美吴之间应达成一种新的双边安排,即缔结军事同盟和在越南驻扎美军。为此,副总统约翰逊赴西贡访问,借表示对吴庭艳支持之际询问他,是否需要美国战斗部队和缔结双边军事同盟。吴在会谈中表示两者皆非目前所需,他担心美军驻扎在南越可能招致北方的激烈反应,隐含的担心则是给予美国干预其统治更多的机会。如果吴庭艳在这个问题上设置一个底线原则,即无论如何都不会接受美国战斗部队到来,那么这个问题或许就彻底消失了。然而,西贡军队面对解放武装力量日益强大所暴露出的无能已经让局势越来越恶化。肯尼迪政府内部沉寂下去的派兵呼声再度高涨,而吴庭艳也改变了之前的否定态度。

9月末,吴庭艳郑重地向接替德布罗的瑙尔汀提议订立双边防务条约,增加美国在南越的军事存在,包括大幅增加军事顾问和派遣一些战术空军。显然,吴庭艳还是不愿意美国战斗部队进入南越。半个月后,吴庭艳态度又进一步,通过总统府部长阮廷淳(Nguyen Dinh Thuan)向瑙尔汀提出派遣美国战斗部队进入南越的建议,但要求这些部队可作为美国力量的象征驻扎在北纬17度线附近和中部高原,以阻遏进攻。肯尼迪在同高级幕僚商议后,决定派总统特别军事代表泰勒率团去南越调查。1961年10月18日,泰勒一行到达西贡。在同吴庭艳的会谈中,他们发现他对引进美国战斗部队的态度又有了变化,退回到了9月末的立场,绝口不提引入美国地面部队。而双边军事同盟的设想也已经被美国放弃,因此,双方其实就只剩引入美国战斗部队的问题了,泰勒和罗斯托等人希望如此,而吴庭艳却闭口不谈。

泰勒调查团到达时正值"几十年不遇的特大洪水在

湄公河三角洲肆虐,冲毁庄稼和牲畜,几十万人无家可归"。① 他们认为,这正好为美国以救灾为名派出部队提供了机会,当他们向吴庭艳提出时,后者竟然完全赞成。吴庭艳在这个问题上的担心犹豫是有原因的,但最后还是同意了,其最终同意的原因却不得而知。仅仅是由于面子吗?也就是说,吴庭艳需要美国派部队,但考虑到颜面,还需等待美方以一种迂回的方式提出来。如果是这样,那就太巧合了:一则吴庭艳需要的确有这个念头,二则泰勒等人需要懂得一点读心术,三则是机缘。以吴庭艳的性格和行事风格来看,他是不大可能这样做的。最终能证明此种解释的唯一证据是,根据泰勒的说法,吴庭艳是表示完全同意的,②至于事实究竟怎样,没有进一步材料佐证,不排除泰勒和罗斯托不但对肯尼迪瞒而不报,甚至有往反了说的可能。因为吴庭艳既然回避这个问题,没有足够的理由就不会在短短几天时间里态度再次

---

① 马克斯韦尔·泰勒:《剑与犁——泰勒回忆录》下卷,第289页。
② 时殷弘:《美国在越南的干涉和战争》,第110页。

变化。在这个问题上,吴庭艳显然是受到了其顾问陈金宣,当然还有吴庭儒的影响。中情局1961年11月22日的情报简讯陈述了他们的想法:美国的全面介入将自动削减吴庭艳的权力和独立性;另外,那些本就对吴庭艳心怀不满的势力终于找到口实向他寻衅:必须谨慎,不能授人以柄。那些吴庭艳的反对者可以成功地使新来的对越南政治场景不熟悉的美国人相信,就得到一个更有效的反共政权的利益而论,目前的政权应当被取代。[①] 一旦如此,对吴庭艳而言,无疑是舍本逐末,他无论如何也不会允许这样的事情发生。另外,从吴庭艳得知肯尼迪的决定后的反应来看,吴庭艳应该没有接受泰勒所谓的迂回策略。

泰勒调查团在正式报告里的派兵建议在美国行政当局内引起了不同反应,共有三种意见:一是赞成;二是反

---

① Central Intelligence Agency, Information Report, Views of Dr. Tran Kim Tuyen on Vietnamese Reactions to Increased US Military Aid, (中央情报局:《情报简讯:陈金宣博士关于越南人对增加美国军事援助的反应》), TDCS DB-3/648. Nov.22,1961.

对,认为应增加军事援助而非派兵;三是谋求政治解决。面对三个对立的主张,肯尼迪断然排除了政治解决,不得不说他应更倾向于派遣地面部队,否则他就没有必要派泰勒率罗斯托去南越,因为这两人都是当时出兵南越的主要鼓吹者。但是,他同时也不能不受到其他声音的影响。在得知泰勒的建议后,远在日本的国务卿腊斯克立即致电国务院,告诫说美国不应把新的大笔威望押在一匹看来要输掉的赛马上,他还说,如果吴庭艳不改良,那么区区数千美国部队不可能扭转局势。① 泰勒调查团中的国务院成员、国务院越南问题特别工作小组组长也提出了异议。肯尼迪权衡再三之后,11 月 15 日正式做出决定,不派遣美国战斗部队,但立即实施调查团的其他建议,并据此形成了美国与越南关系的政策——"有限伙伴",即用战斗部队以外的军事干涉手段,特别是数量急剧增加的军事顾问直接帮助西贡政权作战,打败乃至消

---

① *FRUS*,1961-1963,Vol. Ⅰ,Washington,D.C.:GPO,p.464.

灭解放武装力量。这种关系的另一面则是美国官员广泛参与南越行政事务：美国行政人员被安插进西贡政府机构，包括所有关键性部门；美吴双方联合检查省级以上军事情报系统、经济和社会状况，共同决定改进措施；美吴双方联合制订军事计划。吴庭艳获悉这一决定后，"十分失望"，"十分悲哀"。在他看来，自己拒绝了美国的派兵，后者就试图用微不足道的新援助来索取有关南越主权的大让步。他斩钉截铁地告诉瑙尔汀，他决不能与美国分享统治权。西贡报纸也公开抨击美国"资本帝国主义"干涉南越内政，试图把南越变为实验动物。鉴于西贡反美情绪之重，美国国务院起初想用召回大使和停止军事援助对吴庭艳施压，但五角大楼和瑙尔汀不赞成，最终未能行得通。有评论说，吴庭艳总是依靠顽固战胜美国。[①]从上述情形看，这是不符合事实的。吴庭艳的确依赖美国的支持，但并不意味着双方关系就是不平等的，不意味

---

① 时殷弘：《美国在越南的干涉和战争》，第119页。

着吴庭艳必须一味迁就对方,他还是可以采取一些显然在他看来是必要的主动,例如这次,适当地阻止了美国地面部队进入南越——不愿和美国人分享权力是一方面,害怕招致北越的谴责也是一方面。

第二节　垂暮之音

虽然美国行政当局在逼迫吴庭艳政权改良问题上是半心半意的,可是那些学者专家们却带着他们改造贫穷的壮志蓝图奔向了这个遥远的国度,能够离开象牙塔一展抱负似是如此唾手可得。对像费希尔这样的顾问来说,"似乎南越的命运已经交到了密歇根大学的手中"。1954年8月,吴庭艳刚刚就任总理两月,费希尔就应他的邀请来到西贡,费希尔还带来了一个考察组。密大拥有全美最出色的培训警察的机构:密歇根大学警察学院。此次考察组提出一项帮助建立保安队的"技术援助"建议,即帮助训练南越警察。美国政府对此表示赞同。从1955年春天起的一年多时间里,密大先后有100多名专家学者到达南越,费希尔是专家团首席顾问,他比任何时候都有信心能完成密大的改革目标,他本人与吴庭艳的亲密关系在他看来更是一个得天独厚的条件。然而,事情不久就遇到了麻烦。如前所述,密大专家不赞成吴庭艳和美国军援顾问团把保安队建成配备重武器的辅助军队的主张,认为它仅是个轻装警察组织。这个意见最终被美国行政当局采纳。吴庭艳则被迫放弃要求。不仅这次,在后来有关军事援助的几乎所有分歧上,吴庭艳总是失败者。对他来说,失去的远不止这些,他和华盛顿的矛盾是直接体现在他和那些美国顾问之间的,因此,专家顾问对他的评价直接影响行政当局的判断。以吴庭艳一贯自大、顽固的性格,他是不会注意到这种关系的重要性的,即使有所认识,也不会有根本改变。

1956到1958年相对而言,是美吴同盟的平静期,但也就是在这段时期,美国官员、技术专家越来越失望地发现，吴庭艳政府的所有官员都开始不理睬美国人的建议，而是认为要用自己的方法管理国家，美国人根本不了解他们国家的情况。① 一定程度上说，越南人并不是没有道理。大洋彼岸的"来客"以美国的所谓民主、自由价值观改造一个传统的亚洲国家，要使它变得像美国。美国专家提倡多元主义、权力共享，倡导竞争性选举和民主实践确保权力分散，认为政治领导人必须和对手妥协。费希尔本人更坚定地认为，南越和该地区的民主化要依赖"亚洲政治精英"，南越最紧迫的政治改革不在于民权自由领域，在越南，这是一个边缘问题，而在于培养具有自由主义思想的领导人投身到多元主义原则中去。美国人的民主是从下往上看，吴庭艳的政治观则是从上向下看，一个靠所谓制度设计得好，一个则推崇领导层贤明。

1955年秋，密大专家组被要求研究越南共和国政府机器在地方的运作问题。这与费希尔的政治谋求不谋而

---

① 亨利·莫尔：《越战前后目击记》，第63页。

合。吴庭艳的用意是收回省长的权力,要求保大授予他全权,包括任命省长等地方长官的权力,保证自己大权独揽。密大专家团队对这些情况一无所知,当然,他们也不会基于纯抽象的理论提出改革方案。他们短短几个月内就会见了1096名官员,掌握了详细的越南行政状况。在和越方沟通中,美国专家"小心翼翼,注意工作方法,努力建立善意和相互理解",争取对方支持密大稍后提出的方案。① 专家的调研结果是,南越许多官员认为地区组织"没有必要,花费大",遂建议撤销区一级行政单位。事实上,在专家到来之前,吴庭艳就授意底下人这个意图,受访者只是顺着上面的意思说罢了。对这个情况,密大专家组是无从得知的,还幻想敦促吴庭艳考虑撤销省级行政单位,代之以建立一个美国人称之为"地区"的实体单位(比省级单位大),设区总长,其权责将在民选产生的区委员会内行使。委员会有权批准或拒绝长官的政策规

---

① Edward Miller, *Misalliance*, p.153.

划,一定情况下,它可以罢免区长官。但区不享有预算权,也不负责地方税收。其实,密大专家组建议中的区总长和委员会就相当于美国各州州长和立法院。毋庸置疑,这个建议被吴庭艳断然否定,这样的东西必然是捆住吴氏家族建立起来的专制统治的绳索,两者根本格格不入。

密大专家组对吴庭艳政权的政策和做法影响甚微,费希尔作为吴庭艳好友的"便利"也没有转化为足够的影响力,只是在他任职的两年内,每周和吴庭艳共进几次早餐而已。他们一次又一次地削减或放弃雄心勃勃的改革计划,越来越失望、沮丧,直至心灰意冷,挫败感之重是从未有过的。密大专家组有100多名成员,1959年,他们当中已经有人在美国报刊上公开发表文章批评吴庭艳政权。1962年,密大专家组最后一名成员正要离开西贡之际,费希尔开始支持将吴庭艳赶下台的观点。[①] 费希尔

---

① Wesley Fishel, "Vietnam Reconsidered"(韦斯利·费希尔:《越战再思考》), cited from Edward Miller, *Misalliance*, p.150.

本人和密大专家团在西贡的遭遇不是一个特例,几乎所有的美国专家都有同样的感受。土地改革顾问沃尔夫·拉德金斯基是一位较为特殊的专家。他不是学院派,作为一名农业经济学家,理论研究不是他的兴趣所在,比起坐在书斋里著书立说,他更愿意到田间和农民们交流,是一位实践远大过理论的专家。在他去世后,乔治·罗森(George Rosen)在悼念他的讣告里这样评论道:"拉德金斯基重大的思想贡献是他深刻地意识到农民经济行为的历史、社会、政治根源以及农村地区变革的方向。这一切都建立在对亚洲国家农民生存状况的清醒认识和深切同情的基础上。"[①]在战后日本和台湾岛内的土改中,这位田间农业经济学家发挥了巨大的作用。"对日本社会和农村经济产生深刻影响的土改被视为可能是美国对这个国家的影响中留下的最重要和最持久的遗产之一",他主

---

① George Rosen, Obituary: Wolf Ladejinsky(1899 – 1975)(乔治·罗森:《讣告:沃尔夫·拉德金斯基(1899—1975)》), *The Journal of Asian Studies*(《亚洲研究》), Vol.36. No.2 Feb., 1977, p.327.

持的"台湾的土地改革计划经常被奉为其他地区的榜样"。① 以拉德金斯基杰出的业绩和履历,他被派往南越担任吴庭艳政权的土改顾问是很自然的,但是最终他也铩羽而归。他在给使馆的报告中抱怨说:"土改问题在吴庭艳的诸多谋划中似乎并不是突出位置。"②作为一个官方色彩并不浓厚的专家,拉德金斯基讲话似乎没掺杂个人情绪,但这样的声音具有相当的杀伤力。

1962 年 11 月末,距离吴庭艳下台尚有一年的时间,参议院外委会主席、吴庭艳曾经最坚定的支持者曼斯菲尔德率考察团来到西贡。毋庸置疑,此人举足轻重。尽管大使瑙尔汀阻挠,他仍然与被瑙尔汀视为"麻烦制造者"的四位记者见了面。他们是《纽约时报》的戴维·哈尔伯斯坦、美联社的尼尔·希汉、合众社的彼得·阿内特

---

① George Rosen, Obituary: Wolf Ladejinsky(1899 – 1975), p.327.
② *Agrarian Reform as Unfinished Business: The Selected Papers of Wolf Ladejinsky*, ed. Lewis Walinsky,(刘易斯·瓦林斯基编:《未竟的农业改革事业:沃尔夫·拉德金斯基文件选集》), New York: Oxford University Press, 1977, p.243.

(Peter Arnett)和马耳克姆·布朗。遇到一个愿意听他们讲故事的人,年轻记者们万分兴奋,五个小时的谈话总结为一句话:越南共和国军队打不赢越共,吴庭艳的领导不但不是"反叛乱"行动的财富反而是一个障碍。① 他们给曼斯菲尔德提供的炮弹足以把吴庭艳送进坟墓。事实上,与记者晤谈前,曼斯菲尔德首先拜会了吴庭艳。然而,会谈整个过程中,吴庭艳一个人就讲了两个小时,语调令人瞌睡,别人偶尔才能插上几句话。在这之前,泰勒真相调查团与吴庭艳的晤谈也是同样,泰勒形容为"冗长不堪……对于我们这些由于过分频繁地变换时区而昏昏欲睡的海外来客来说,这实在是对我们集中注意力的能力的一种痛苦考验"。② 因此,曼斯菲尔德更决心要和记者们谈谈。他们使他相信,美国军事援助司令部和大使馆要么是被蒙蔽了,要么是不诚实,无论如何,他们正在提供误导美国人民的不正确画面。临时代办威廉·特鲁

---

① Seth Jacobs, *Cold War Mandarin*, p.138.
② 马克斯韦尔·泰勒:《剑与犁—泰勒回忆录》下卷,第 291 页。

哈特(William Trueheart)所言也和记者们相差不多,曼斯菲尔德临上飞机时握住他的手说:"我相信你是对的。"① 作为参议院重量级人物,他在机场拒绝宣读赞扬吴庭艳政府的声明,而这本是美国官员到访、离开西贡的一贯仪式。回到华盛顿后,代表团照例需要向国会递交报告,未及提出之际,飞机一落地,一份秘密报告早已经呈给肯尼迪。这位参院外委会主席建议,总统要做一个虽困难但绝对必要的选择,即美国要从东南亚撤退,南越中立的外交解决和允许美国"减少我们的义务"是现政府应当奉行的现实目标。当然,这个安排尽管可能导致共产党接管整个越南,但是国家利益是否真的需要在亚洲大陆上维持一个非共产党堡垒?尤其是要付出全面战争的代价才能达到这个目标。② 肯尼迪闻言深受震动,单独召曼斯菲尔德赴度假地棕榈滩别墅面谈。据说谈话结束后,肯尼迪对其助手肯尼斯·P.奥唐奈(Kenneth P.

---

① Seth Jacob, *Cold War Mandarin*, p.138.
② *FRUS*, 1961-1963, Vol. Ⅱ, Washington, D.C.: GPO, pp.779-787.

O'Donnell)说:"我很生气,迈克竟然不认同我们的政策……我也生自己的气,因为我发现自己和他看法一样。"①肯尼迪作何选择? 首先,他断然排除了政治解决。他一再强调,继老挝之后再在越南尝试此种途径,只会严重动摇东南亚各国反共政权的意志,并使得美国在柏林问题和老挝问题上无法从有利地位出发同共产党人打交道。② 在他看来,曼斯菲尔德的建议只能进一步证明包括其本人在内的自由派人士的软弱和天真,同时也使他开始怀疑一点,即华盛顿对一个非共产党南越所尽的义务是否和支持吴庭艳密不可分。③

三个月后的1963年年初,代表团起草了一份公开报告,报告中写道:"如果对越南事件的发展趋势不表示深

---

① Kenneth P. O'Donnell and David F. Powers, "Johnny, We Hardly Knew Yet",(肯尼斯·P.奥唐奈、戴维·F.鲍尔斯:《我们几乎不了解的约翰》), *Memories of John Fitzgerald Kennedy*(《回忆约翰·肯尼迪》),Boston: Little Brown,1970,p.15.
② *FRUS*,1961-1963,Vol. Ⅰ,Washington,D.C.:GPO,pp.580-582.
③ Seth Jacobs, *Cold War Mandarin*, p.139.

切的担忧,那对我的国家是一种伤害。尽管瑙尔汀、哈金斯等人对前景抱乐观态度,但是经验并无法证明那样乐观的结论就一定有道理。越共伤亡数字近几个月来的确是上升了,但估计共产党游击队在农村的力量也增长了。吴庭艳政权没能实现任何自我支撑的增长,它也未能发展一支无须在美国援助和美国监督下能够战胜越共的军队。吴在农民中的声望从来就不高,似乎还在一步步下降。总的来说,吴庭艳试验彻底失败了。为了继续目前的政策,则需要在一种和美国的利益扯不上一点关系的规模上消耗美国人的生命和资源。"①这不是某个三流记者撰写的抨击文章,而是参院多数派领袖、吴庭艳的国会支持者在呼吁放弃吴庭艳试验。大使瑙尔汀听说曼斯菲尔德的建议后,非常反对如此诋毁吴庭艳,认为这份报告就是"把吴庭艳送进棺材的第一颗钉子",并"对我们的事

---

① National Security Files, Countries-Vietnam(《国家安全档案:越南》), Feb.25,1963,JFKL,box 197.

业造成了极大的坏处"。① 吴庭艳试验进行到第九年,华盛顿的意见从来就没有统一过,分歧始终存在,围绕吴庭艳是不是合适的人选、谁可以取而代之的争论也从来没有停止,随着美国在南越的两难困境加剧,华盛顿的倒吴倾向也日渐趋显。吴庭艳试验的大幕开始徐徐落下。他被推翻看上去似乎是美国从渐生失望到最后绝望这样一个逻辑的自然发展,一切似乎合情合理,历史真相和人们所认为的真相,往往后者更重要。

第三节 佛教徒"危机"

1963年5月,吴庭艳政权被军人政变推翻前夕,南越爆发了声势浩大的佛教徒抗议运动。长期以来,史家谴责吴庭艳针对佛教徒的宗教迫害,至于可以进行这种

---

① Frederick Nolting, *From Trust to Tragedy*, p.98.

谴责的原因却无人点破。这就使得根本不可能就佛教徒运动本身做进一步思考，可思与可说的领域日渐缩小。然而，以往研究者忽略了一个关键人物，他就是这场"危机"的重要推手——佛教徒领袖释智广（Thich Tri Quang），这就给我们留下了仍可开辟的广大空间。一直以来，智广是越南战争史上最具争议的角色之一，"右派学者认为智广百分百是为河内利益服务的共产党代理人，左派学者主张智广是献身民主和寻求尽快结束战争的和平的宗教领袖"。① 詹姆斯·麦卡利斯特（James McAllister）提出了与上述判断完全不同的看法，其《唯宗教在越南至高无上》一文的见解颇为独特，题名就体现了作者的观点。

麦卡利斯特指出，"仅仅把智广视为致力于尽可能迅速结束战争的民主和平人士，就和把他看成是共产党间

---

① James McAllister, "'Only Religions Count in Vietnam': Thich Tri Quang and the Vietnam War"（詹姆斯·麦卡利斯特：《唯宗教在越南至高无上》），*Modern Asian Studies*（《现代亚洲研究》）Vol.42, No.4, 2008, p.751.

谍一样可笑","他既不是共产党,也不是民主和平活动家,而是一个通过宗教棱镜来看待南越的一切的高度政治化的角色"。① 他"在点燃这场最终导致吴庭艳在1963年11月被赶下台的持续危机中发挥了主要作用,从这点上说,释智广在理解越南战争进程中的重要性几乎被低估了"。② 智广不但在1963年佛教徒"危机"期间发挥了领导作用,其后又谋求推翻吴庭艳的继任者。他反对一个又一个政府并不是因为抵制战争,或者旨在建立民主政体,和这些无丝毫关系。③ 在笔者看来,麦卡利斯特并非标新立异,而是对吴庭艳垮台后南越佛教集团和美国的关系进行了必要的讨论,通过释智广和美国官员的谈话,可以看到他关于一系列问题的观点和信仰,这对进一步理解南越佛教徒运动是不可或缺的资源,为进一步探讨1963年佛教徒"危机"提供了一种新路径。是否可以

---

① James McAllister, "'Only Religions Count in Vietnam': Thich Tri Quang and the Vietnam War", p.756.
② Ibid., p.751.
③ Ibid., p.756.

设想这样一种可能,即这场激进的佛教徒运动和美国推翻吴庭艳有着密切的关联。

1963年5月佛教徒危机之前,美国决策层几乎没有考虑过佛教在南越的政治角色,也没有什么迹象表明他们关注过未来和佛教徒运动发生冲突的可能性。吴庭艳倒台后,洛奇与智广等佛教领袖在一次"诚挚的宴会"后对美国与佛教团体的关系抱有非常乐观的态度,并认为智广对美国是感激的,是易于接受美国影响的。① 西贡大使馆的结论是,即使佛教徒运动逐渐被投机领导层掌握,但考虑到他们对中立主义以及共产党统治的恐惧,佛教团体和美国之间的目标仍然有可能相容。② 然而,与美国期望的正相反,佛教僧侣后来再度掀起大规模抗议浪潮,这对美国实现稳定南越这块反共基地非常不利,智广等佛教领袖们在华盛顿和西贡的官员看来具有显著的

---

① James McAllister,"'Only Religions Count in Vietnam':Thich Tri Quang and the Vietnam War",p.761.
② Saigon to Secretary,"Recent Buddhist Developments"(《近来佛教徒形势》)March 26,1964,LBJL,NSF,VNCF,box 3,Vol.6.

反美情绪。

智广从未认为宗教冲突和所谓天主教对佛教的打压通过赶走吴庭艳和吴庭儒就能完全解决,当他说将基于新政府的表现评价它时,他关心的则是许多政变策划者本身就是吴庭艳分子,并认为他们的行动更多是出于担心吴氏兄弟疏远美国而不是出于自身对旧政权的根本否定。肯尼迪遇刺身亡后,智广表达遗憾的同时告诉一名美国使馆官员说,美国"必须继续施加并扩大它在越南有益的影响力以阻止吴庭艳分子卷土重来"。① 1963 年 12

图 4-1 僧人智广,1963 年,佛教徒运动的主要领导人(Christian Simonpietri/Sygma/Corbis)
图片来源:《错误的同盟:吴庭艳、美国和南越的命运,1954—1963》。

---

① James McAllister, "'Only Religions Count in Vietnam': Thich Tri Quang and the Vietnam War", p.757.

月,吴庭艳被推翻仅一个月后,他就向美国官员表示,阮是吴庭艳时期的旧人,如果可以赶走总理阮玉寿(Nguyen Ngoc Tho),他欢迎再搞一次政变。很显然,佛教徒抗议并未随着吴氏兄弟的死亡偃旗息鼓,他们的斗争仍在继续。吴庭瑾(Ngo Dinh Can)的命运就这么决定了——洛奇为表明对佛教徒运动的支持,也像抛弃吴庭艳一样抛弃了他,将他移交给西贡当局。同时,他也警告阮庆(Nguyen Khanh)政府要尽可能表现出克制,如果新政府看上去搞起了与吴庭艳一样的宗教迫害,美国天主教徒和世界舆论将会指责新政府。如何处置吴庭瑾在美国看来是意义非同一般的,有必要慎重。智广也是这样认为,只不过跟美国考虑的相反。他向洛奇表示,吴庭瑾被判死刑对表明吴庭艳分子不再一手遮天是有必要的,如果不处死吴庭瑾,那么与共产党的较量和佛教徒对美国的支持都将受到影响,如果世人知道他反对处死吴庭瑾,他的声誉会受到损害。[1] 1964年春,吴庭瑾被控犯有

---

[1] Saigon to Secretary, April 25, 1964, LBJL, NSF, VNCF, box 3, Vol.7.

谋杀罪,被行刑队枪决。政治清算还远未结束,在智广看来,阮庆政府只有实施"革命",将所有勤劳党残余和吴庭艳旧官吏从政府部门清洗出去,人们才会支持阮庆政府。可是,就在阮庆宣布新宪法,即"头顿宪章"不久,智广就认定阮庆对"革命"不感兴趣,并"公开谴责阮庆是佛教徒的败类"。① 他告诉美国大使馆,如果阮庆不愿意主动完成需要做的事,净化政府,那么佛教徒将别无选择,唯有进行不合作运动,迫使阮庆在佛教徒和来自勤劳党或大越复兴党的军官之间做出抉择。既然受共产党压迫和受勤劳党镇压没有太大差别,那么佛教徒将退出反共斗争,让美国人、天主教徒自己冲锋陷阵好了。② 如果此前美国对智广影响南越政治局势的能量还有什么怀疑的话,1964年8月末在几个城市爆发的暴力抗议和游行也将这种怀疑驱散了。在顺化,佛教团体表现得空前有力,示

---

① 马克斯韦尔·泰勒:《剑与犁——泰勒回忆录》下卷,第410页。
② Saigon to Secretary, August 23, 1964, LBJL, NSF, VNCF, box 7, Vol.16.

威者的主要诉求之一便是提出政府中还有太多吴庭艳余党。美国警告阮庆采取坚决措施恢复秩序,但这位将军却决定把政权的将来留给智广和佛教徒来决定。

8月底,在同佛教领袖会谈后,阮庆宣布将修改新宪法,取消或缓和某些压制公民权的措施。由于大规模示威游行持续不断,他又宣布辞去总统职务。为进一步缓和与佛教僧侣的矛盾,并加强自己前勤劳党将领的地位,阮庆还试图起用被软禁的杨文明集团将领。这一企图激起了前勤劳党将领发动政变,美国立即出面干预,表示支持阮庆。空军司令阮高其(Nguyen Cao Ky)等持观望态度的将领显然受这一态度影响,阮高其亲率一队飞机于西贡上空盘旋,威胁轰炸政变部队,从而挫败了这起政变。前勤劳党将领的政治生命就此结束,这符合佛教团体的利益,但也使得阮高其等少壮派将领的势力随之膨胀。为了抑制他们的势力,阮庆最终释放并起用了除杨本人以外的杨文明集团的将领,他与少壮派的矛盾尖锐起来。为了谋求政治再保险,唯一重要的、有组织的非共政治力量佛教领导集团对阮庆来说此时变得更加至关重要,阮庆着手与他们达成政治和解,这又引来新任大使泰勒极大的不满。

1964年7月7日,泰勒到达西贡,他的任务就是"恢复南越的稳定",而重点就放在稳定政府上。① 然而,事与愿违,他更不会想到在他任职的未来一年里,佛教徒抗议如影随形。佛教僧侣大规模抗议之际,美国也一直试图说服智广不要公开对抗,认为现在和1963年危机很不一样的是,并没有丝毫根据支持佛教徒所谓的来自政府的镇压;智广支持现在的抗议示威被视为"短视和背叛行为",南越的局势如此危险,所有分歧都有必要服从与"共同的敌人"越盟和北越斗争这个大目标。② 智广却认为,要想在对付共产党及其支持者上取得任何进展,首要的和必需的斗争是彻底净化南越共和国自身。在西贡的美

---

① 马克斯韦尔·泰勒:《剑与犁——泰勒回忆录》下卷,第417页。
② James McAllister, "'Only Religions Count in Vietnam': Thich Tri Quang and the Vietnam War", p.760.

国官员看来,佛教领袖们反美情绪严重,还有强烈的中立主义倾向,因而阮庆和他们的和解即便是权宜之计,也是危险的。① 泰勒对智广更厌恶,称其"一贯惹是生非",他向阮庆指出,"智广的权欲是人所共知的,这样卑躬屈膝的让步必然会使他得寸进尺",②但阮庆没有接受这一劝告。

在和佛教领袖会谈后,为平息佛教徒和学生的抗议,阮庆在泰勒的指点下炮制了一套文官政府体系,实权仍掌握在军人集团手里。该体系有两部分构成,一是国家高级委员会撰写新宪法和承担过渡议会职能,全部17名成员都是高龄文人;二是重新指定国家元首和内阁总理,90余岁的潘克丑(Phan Khac Suu)担任国家元首,亲美的陈文香(Tran Van Huong)任总理,此人很早的时候就经常抨击吴庭艳政权,但佛教集团并不因此就支持这个

---

① G.M. Kahin, *Intervention*, p.234.
② 马克斯韦尔·泰勒:《剑与犁——泰勒回忆录》下卷,第420页、第421页。

新总理。智广一开始表示支持陈文香,一天之后就转变态度。1964年11月末,佛教徒举行了旨在迫使陈文香辞职的大游行。

南越佛教徒运动常常被历史学家解读为两股力量:心珠(Tam Chau)领导的温和派和智广领导的激进派。倒陈运动之初,的确是心珠起了领导作用,西贡举行大游行,顺化则没有发生游行。智广还不止一次地公开批评西贡游行是不明智的举动。然而,不管他们有多少不同,有一点却是一致的,就是决心赶走陈文香,两人共同领导了12月12日的绝食行动。面对这个局面,泰勒丝毫不为所动,认为佛教徒对陈文香政府的抗议没有任何合理之处,南越政府很有必要坚决抵制抗议团体的活动。他还拒绝会见佛教领袖们,甚至也不接受洛奇跟智广联系或以向他们提供经济援助的方式来缓和关系。智广则在西贡接受英语报纸采访时公开表示,佛教徒运动对泰勒和美国支持的陈文香感到不满。同一时间,国家高级委员会由于拒绝通过一项规定一批将校必须立即退休的法律而触怒了少壮派将领。既无能力也无意志的阮庆决定和少壮派结盟,于12月20日解散了该委员会,连夜逮捕了包括八名委员在内的文官政客。泰勒对此大动肝火,他立刻召集阮高其等少壮派严加训斥:"你们是否懂英文?我在威斯特摩兰将军的晚宴上已经对你们大家说得很清楚,我们美国人对政变已经厌烦了。显然我的话成了耳旁风。"①他要求不废除国家高级委员会。然而,泰勒的话又一次成了耳旁风。几小时后,阮庆就向报界宣布了这个决定。两人的矛盾不可避免地激化起来,为了加强对付泰勒的筹码,阮庆决定支持佛教徒的倒陈运动。

智广本人究竟希望在南越建立什么样的政治体制并不十分清楚。有时,他建议如果用一个更令人同情的人,如潘辉瑶(Phan Huy Quat)代替陈文香,佛教徒可以取

---

① 时殷弘:《美国在越南的干涉和战争》,第187页。

消抗议。① 有时,他又对美国官员表示,哪怕是更独裁的政府,只要它是一个真正革命的政府,取缔勤劳党,他也支持,甚至可以接受它拥有禁止罢工、限制言论自由等权力。如麦卡利斯特所言,"虽然他无法赢得对其更大的目标——改变南越的支持,但他的确达到了结束陈文香政府的目的"。② 1965年1月22日,智广和阮庆达成协议,约定发动倒陈政变。佛教徒在西贡、岘港和顺化接二连三地举行反对陈文香和泰勒的示威,顺化地区的示威尤为猛烈,甚至烧毁了美国图书馆,再次引起使团领导班子对美国眷属安全的关切。在泰勒看来,"这等于形成了一个阮庆—佛教徒的危险联盟,最终必将导致形成一个无法与之一同工作的不友好政府"。③ 五天后,陈被剥夺总理职务,阮庆自任总理。佛教徒的显著影响和"智广在南

---

① 虽然美国人对潘评价甚高,但也怀疑他可能受智广的操纵。参见马克斯韦尔·泰勒:《剑与犁——泰勒回忆录》下卷,第444页。
② James McAllister,"'Only Religions Count in Vietnam': Thich Tri Quang and the Vietnam War",p.769.
③ 马克斯韦尔·泰勒:《剑与犁——泰勒回忆录》下卷,第442页。

越政治中再次成功扮演皇帝般的角色",令驻西贡使团感到十分震惊,泰勒告诫国务院,佛教徒现在处于一种可以促使政府同越共谈判解决的地位,①美国的政治杠杆大大削弱。中情局对西贡政局忧心忡忡,竟然不无灰心地认为,佛教徒强大到足以使他们领导人决意反对的任何一套政治安排失效,②以至于中情局的分析专家绞尽脑汁,想要搞清楚智广的意图究竟是什么,中情局的结论显然受到了他们对智广最初印象的影响,这种影响根深蒂固。

中情局和智广打交道已经很久了,就在1963年5月8日顺化佛教徒抗议示威发生后的9日和10日,西贡站与智广进行接触,他们对此人的印象是"自信、支配欲强、不顾一切、圆滑"。③ 现在,吴庭艳既已倒台,美国显然希望看到西贡政局稳定,而智广作为佛教徒领袖之所以表

---

① 时殷弘:《美国在越南的干涉和战争》,第188页。
② James McAllister, "'Only Religions Count in Vietnam': Thich Tri Quang and the Vietnam War", p.769.
③ Thomas L. Ahern Jr., *CIA and the House of Ngo*, p.166.

现得与此背道而驰,是基于其个性,而不是因为他是共产党或同情越共。中情局的评估报告是这样描述他的:"一个蛊惑人心的政客,强烈反天主教,一个狂热的民族主义者,一个最终目的是把南越建成一个佛教政体国家的自大狂",考虑到其性格如此,"难以设想智广充当河内、北京或莫斯科的代理人",①总之,中情局判断智广不是对手和敌人。遗憾的是,这种判断并没有完全说服包括泰勒在内的部分官员,后者沮丧之下自然开始怀疑佛教徒运动是否受共产党指使,至少怀疑智广与共产党有染;中下层特别是与智广关系密切的人和越共是同一阵线的。因此,1965年1月31日,在大使馆给国务院的电文上,泰勒竟然破天荒地没有签字,仅表示电文同样反映使馆高层的意见,不能不说,这个态度模棱两可。电文做了如下谨慎表述:尽管佛教徒运动各个方面严重损害了反共

---

① CIA Intelligence Information Cable, "An Analysis of Thich Tri Quang's Possible Communist Affiliations, Personality, and Goals"(中情局电文,《对释智广可能隶属共产党的分析:个性和目标》), August 28, 1964, LBJL, NSF, VNCF, box 7, Vol. 16.

事业,但目前不能认为佛教徒就是共产党或者说他们的目标中含有故意制造局势以利于共产党赢得对南越的控制。与其说佛教徒领导人是为共产党工作,还远不如说他们是为自己而战,为达目的不择手段来得更为可靠些,尽管这样做可能被利用来服务于共产党。① 国务院对该电文完全赞同,但不意味着华盛顿就相信佛教集团,特别是信任智广,他们的关系在未来还会继续得到考验。

1965年2月,战争似乎到了非美国化就将中止的地步,此时,南越佛教团体日益公开支持与越南南方民族解放阵线谈判,从而停止战争,佛教杂志登载拥护中立路线的系列文章。以僧人释广莲(Thich Quang Lien)为代表的中立主张跟战争即将美国化南辕北辙。但智广的态度让华盛顿甚感欣慰。早在1964年9月,针对年轻僧侣散发反美宣传册一事,智广敦促美方不要误解这一行为,并辩解说,"佛教徒肯定不反美,他们非常相信美国在越南

---

① James McAllister, "'Only Religions Count in Vietnam': Thich Tri Quang and the Vietnam War", p.770.

的动机和意图,和对法国人和英国人深深的怀疑不同,他们充分认识到在这里维持美国支持的必要性"。① 智广对西贡使馆明确说,广莲已被告知必须放弃计划,如果他拒绝,就会失去在佛教集团中的地位。② 智广还跟美国官员谈到自己关于中立主义的看法,他说,"并不是所有的中立主义本身必然是坏的",但反对任何允许法国影响力重返越南的中立主义,③他还强调,他也不支持当前佛教徒的中立主张。

雷鸣行动开始后,他全力赞成轰炸北越,甚至主张扩大轰炸范围,加强轰炸力度。那段时期与智广最密切的政务官员詹姆斯·罗森塔尔(James Rosental)回忆说,"他根本没有任何道义的不安,似乎只担心轰炸带来的机

---

① Saigon to State Department, September 9, 1964, NA II, RG 59, POL 15 VIETS, box 2933.
② Saigon to State Department, September 28, 1964, NA II, RG 59, POL 15-7 VIETS, box 2937.
③ Saigon to State Department, September 16, 1964, NA II, RG 59, POL 2 VIETS, box 2926.

会被浪费了,因为它们一直不够深入"。① 美国国务院试图让他公开赞成雷鸣行动,智广则回应说,不应该指望一个宗教领导人公开支持暴力的军事行动。1965年3月,广莲发表公开声明,呼吁美国从越南南方撤军,但竟要求民族解放阵线也一并撤出。留学耶鲁的背景也并没有减少西贡大使馆对他的警惕,认为这个立场是天真而危险的。② 就在广莲的和平宣言发表后不到三周,这一运动在西贡当局的压制和智广的阻挠下平息了。在和总理潘辉璃的谈话中,智广还表示应当逮捕广莲,对待他领导的和平运动应该像对待其他所有和平运动一样绝不手软。③ 以智广为代表的佛教徒的反共立场令大使馆印象如此深刻,先前对佛教徒影响的不安转而被双方可能合作的谨慎乐观取代。中情局负责计划事务的副局长理查

---

① Saigon to Secretary, March 22, 1965, LBJL, NSF, VNCF, box 15, Vol.31.
② Saigon to State Department, March 4, 1965, NA II, Central Files, RG 59, POL 27 VIETS, box 2953.
③ Saigon to Secretary, May 6, 1965, LBJL, NSF, VNCF, box 17, Vol.34.

德·赫尔姆斯(Richard Helms)承认虽然这可能造成风险,但建议"美国应当'适当赌上一次',为佛教徒提供更大的隐蔽支持"。① 尽管赫尔姆斯的设想最终不了了之,但这样的合作将给华盛顿带来什么样的风险在智广致洛奇的信函中暴露出来,他写这封信的背景是少壮派将领正设法撵走潘辉珊。

1965年2月,一些怀念吴庭艳时代的天主教军官发动政变,阮庆逃离西贡。"越来越相信不值得再保全阮庆"的泰勒不会再一次挽救这个"美国的孩子"。在这种情况下,阮高其和阮文绍等少壮派挫败了政变者,并拒绝阮庆重掌政权。于是,吴庭艳时代就颇有声望的潘辉珊出面组阁。少壮派保证把战争进行到底,并且坚决支持雷鸣行动。可是,美国人视为"有能力、有智慧"的潘辉珊竟对继续战争缺乏足够的热情,军人集团和文官集团的

---

① Memorandum for Director of Central Intelligence, "CIA Proposal for Limited Covert Civilian Political Action in Vietnam(中央情报主任备忘录,《中情局在越南针对平民的有限隐蔽政治行动》), March 31, 1965, McCone's 12 Points(《麦科恩的12点》), box 194.

矛盾自然不可调和。是否文官执政,智广并不关心,潘辉珖的去留他也不在意,智广甚至批评潘过于软弱的战争意志,赞赏少壮派的战争态度,并认为军政府更容易采取革命措施,施以对有效进行作战而言必要的纪律。但这并不意味着他支持少壮派。

智广和美国官员们之间很少通信,写于1965年5月13日的这封信清楚地表明了他内心深处最真实的想法。自1963年11月智广走出美国使馆后,一直以来都把矛头指向吴庭艳分子,批评当局无意涤荡这些势力。智广公开讲话也不多,仅有的几次也都是谈内部问题,对这场战争只字不提,"美国人、越共和北越在智广公开宣扬的观点中甚至连边缘的角色都算不上"。[①] 他在信中表明,天主教都不是真诚反共的,但美国的政策依然偏向天主教主义,这和法国人利用天主教打压佛教徒没什么不同。如果美国要避免输掉战争就别无选择,唯有转变政策,拥

---

① James McAllister, "'Only Religions Count in Vietnam': Thich Tri Quang and the Vietnam War", p.766.

护革命政策,即必须将邪恶的勤劳党、天主教成员和反动的大越组织消灭殆尽。① 洛奇一度不免忧虑智广"似乎比反共更反天主教"②,但闻之不能不震惊,美国绝不可能与智广为伍,采取一项基于反天主教的政治战略。更何况,在美国人看来,阮文绍—阮高其班子"就任以后结束了将军和政客走马灯似的上台下台的情况,开始了越南政治中可以称为稳定政府的局面"。③ 这样看来,智广和华盛顿已毫无共同语言,一方需要稳定的南越基地,另一方在华盛顿和西贡的分析家们看来则是"给一个稳定的、有效的将战争进行下去的南越设置数不清的障碍"。④ 实际上,在接到这封信一个多月前的4月8日,洛奇在给腊斯克的电文里就警告说,"我们当谨记在心,佛教集团是

---

① Tri Quang to Lodge(《智广致洛奇》),May 13,1965 LBJL,NSF,VNCF,box 17,Vol.34.
② James McAllister,"'Only Religions Count in Vietnam':Thich Tri Quang and the Vietnam War",pp.760 - 761.
③ 马克斯韦尔·泰勒:《剑与犁——泰勒回忆录》下卷,第456页。
④ James McAllister,"'Only Religions Count in Vietnam':Thich Tri Quang and the Vietnam War",p.777.

我们的敌人"。① 这封信则彻底改变了洛奇的态度。后者承认拿不出任何证据,但认定智广及其支持者是有意服务于共产党和民解,从这以后,洛奇始终支持西贡当局镇压"好斗的佛教徒",②直到危机结束。这一强硬立场显然未完全说服华盛顿,至少国务院是如此。4月16日,腊斯克私函回复洛奇,没有任何证据表明这种联系,若奉行这种态度会招致那些明显不是共产党的佛教领袖的不满。③ 国务院情报研究司司长托马斯·休斯(Thomas Hughes)就佛教徒和西贡当局的僵持提出的长篇报告认为,局势没那么糟糕,这种僵持不意味着佛教徒受反美主义、渴望中立或不惜代价结束战争目的驱使,危机的根源要从长期以来对阮高其—阮文绍的不

---

① Lodge to Secretary, April 8, 1965, LBJL, NSF, VNCF, box 29, Vol.50.
② James McAllister, "'Only Religions Count in Vietnam': Thich Tri Quang and the Vietnam War", p.779.
③ Rusk to Lodge, April 6, 1965, LBJL, NSF, VNCF, box 46.

满中去寻找。① 中情局局长助理乔治·卡弗（George Carver）认为，即使佛教徒获胜可能给眼前的战争努力带来短期的问题，但相信美国和佛教徒的目标之间基本的一致并未消失。他当然不认为应当由智广和好斗的佛教徒掌握政府，但认为没有他们的积极支持，美国的政策是不可能成功的。② 这些意见总结起来，正如国家安全委员会成员罗伯特·科默所言，约翰逊政府需要保持对危机的观察，从歇斯底里中平静下来。③

显然，智广让美国人感到迷惑不已，如果他是共产党间谍，那么可以毫不夸张地说，北越成功实施了"历史上

---

① Hughes to Rusk, March 19, 1966, "GVN Crisis Hardening But Compromise Seems Possible", *FRUS*, 1964 – 1968, Vol.4, pp.292 – 293.

② James McAllister, "'Only Religions Count in Vietnam': Thich Tri Quang and the Vietnam War", pp.780 – 781.卡弗亲自执笔报告《佛教徒在南越政治胜利的后果》，另一份中情局情报备忘录《释智广和佛教徒在南越的政治目标》，卡弗虽不是报告人，但该报告的主要思想来源于他。

③ Komer to Bill Moyers, June 2, 1966, LBJL, Files of Robert Komer, box 3.

最杰出、最有效的一次隐蔽行动"。① 华盛顿多次考虑过这种可能性,但始终没有证据加以证明。针对《纽约时报》报道越共操纵佛教徒抗议运动,科默这样反应道:"我从未看到丝毫确凿证据证实越共操纵了顺化—岘港事件。当然,共产党有关的低烈度的渗透很多,没有人怀疑越共企图渗透佛教徒运动,但我也实在拿不出证据说这样的渗透不存在。"② 尽管如此,智广的诸多行为在美国看来的确没有为反共事业增补裨益,他对南越政治的影响经常反过来服务于共产党的目标,华盛顿无数次看到了这个模糊的状况,但他们仍旧认为这是他思想上的错误,一个源于其性格的问题,而不是他故意为之。智广让许多和其谈过话的美国官员几乎都产生了这样一个认

---

① Mark Moyar, *Triumph Forsaken: The Vietnam War*, 1954－1965(马克·莫亚:《失去的胜利:越南战争 1954—1965》),New York:Cambridge University Press,2006,p.218.

② Komer Memorandum to Bill Moyers,June 3,1966,LBJL,Files of Robert Komer,box 4,Moyer/Christian Folder,White House Chronological Folder, March－December 1966.

识,即只有他有权威确立南越政权的合法性。① 很快,美国再一次感受到智广和他的佛教徒支持者的"本领"。

1965年6月,被智广扣上"天主教吴庭艳分子"这顶帽子的阮文绍被推选为军事革新会议的首领,并成为国家领导委员会主席,这个由十名将军组成的机构负责监督政府,这就意味着阮文绍代行国家元首职务,阮高其任总理。智广心目中更合适的人选是"颇受佛教徒欢迎的将领"——第一军区司令阮正诗(Nguyen Chanh Thi)。从阮庆被逐之时起,智广及其政治僧侣们就与阮正诗结成反对阮高其的联盟。而华盛顿对阮高其政府是否稳定非常关注。1966年3月初,参议员富布赖特在电视上举行关于越南政策的听证会,议员们专门就此问题质问已经离职的泰勒,要他表态,搞得他在5000万人面前狼狈不堪。此时的阮高其正处于困境中,当时威胁到他的有

---

① James McAllister, "'Only Religions Count in Vietnam': Thich Tri Quang and the Vietnam War", p.756.

三个因素,除了岘港—顺化地区传统的安南地方主义,另外两个已形成了联盟——阮正诗企图以自己为首拉拢将领们,加上智广的合作,以此搞垮阮高其政府。拆散阮正诗及其同伙并非难事,困难的是如何对付智广,用泰勒的话说,"佛教徒已成为主要威胁,因为他们在搞垮吴庭艳、阮庆、陈文香和潘辉琯等政府时已表现出他们的本领,当前,他们又以同样的手段转而反对阮高其,他们曾以这种手段成功地搞垮了他的四位前任"。① 这是泰勒回忆录的记述,试图把美国倒吴的责任撇干净,却足见美国政策之荒唐。因为事实上,美国人并不欣赏阮高其,将他说成是一个"天真幼稚的政客和毫无行政经验的行政官员","主要以其语无伦次、信口雌黄、到处讲话、乱出风头的飞行员身份而出名"。②

为摆脱困境,阮高其把高级将领们拉进他的领导班底,以不听从政府调遣为由驱赶阮正诗,后者溜出西贡,

---

① 马克斯韦尔·泰勒:《剑与犁——泰勒回忆录》下卷,第 487 页。
② 同上,第 457 页。

躲到其北部辖区,并以此为基地与智广合作,公开与阮高其政府抗衡。阮高其优柔寡断,没有采取实际行动应对顺化和西贡的示威,威信下降;佛教协会的威信增加了。之所以出现这种局面,在泰勒看来是因为智广还有另一个有利条件,就是自推翻吴庭艳的政变以来,历任总理都记得美国人对使用警察镇压反政府示威的高压手段的反应。由于认识到吴庭艳是在这个问题上得不到美国的支持而丧失了自己的地位和性命,因此在他以后的官员们自然在抵制大街上的示威者时莫不小心翼翼。他们的胆怯大大助长了智广……的威望。[①]

换句话说,他认为智广有恃无恐、西贡当局投鼠忌器都是因为美国的立场。既然如此,只要美国正式保证支持阮高其对智广采取有力行动,南越政府的腰杆就会硬起来。在这个过程中,所谓智广是河内代理人、共产党间谍的意识在美国人心中越来越放大,不可遏止地疯涨起

---

① 马克斯韦尔·泰勒:《剑与犁——泰勒回忆录》下卷,第488页。

来，仿佛只有这样看待智广及南越佛教徒运动，美国的政策才能回到正确的方向上来。正是在这种背景下，美国对佛教徒运动的态度发生了 1963 年危机以来的首次转变。3 月到 4 月间，已身为总统顾问的泰勒便要求洛奇向南越当局传达这样一个讯息，"我们感到摧毁智广作为一股政治力量的重要性"，①这是一个非常明确的态度。洛奇的态度更坚决，将智广从"合法"名单上抹去了。在给国防部负责国际安全事务的助理国防部长，"亚洲和南越问题专示"威廉·邦迪（William Bundy）的电文中，他反对让佛教徒参与南越的政治进程，强调他们不是"忠诚的反对派"②。在洛奇的保证下，1966 年 5 月，阮高其出兵岘港，重新控制住了那里的局势，佛教徒为此在西贡举行示威，警察冲散了示威队伍，占领西贡佛教协会，逮捕

---

① James McAllister, "'Only Religions Count in Vietnam': Thich Tri Quang and the Vietnam War", p.779.
② Lodge to William Bundy, July 26, 1966, LBJL, NSF, VNCF, box 34, Vol.56.

智广,将其软禁,"危机已不复存在"。① 这一幕也颇具讽刺性,正是洛奇在1963年庇护了智广,现在转而解决了这个"麻烦制造者"。智广当然不代表全体越南人,甚至也不代表大多数佛教徒,但他无疑代表一股潜在的和有组织的政治力量。这就是洛奇1965年3月,敦促约翰逊政府关注佛教徒在南越的核心作用,主张万勿弃之②的原因所在。智广曾被美国视为朋友,这样看,1963年发生的事件就不仅仅是南越的社会运动这么简单了,下文将就1963年佛教徒"危机"不为人熟知的一面加以辨析。

如前所述,顺化事件的第二天,智广就和中情局西贡站的人见面了,这不是他们第一次打交道。尚不确定的是,智广第一次和美国官员会面是在什么时候,但美国对此人是非常了解的。早在1954年美国为扶植吴庭艳政权,兰斯代尔小组就同许多教派组织的头目发生

---

① 马克斯韦尔·泰勒:《剑与犁——泰勒回忆录》下卷,488页。
② Memorandum by Lodge, Recommendations Regarding Vietnam, March 8, 1965, FRUS, 1964-1968, Vol.2, pp.415-420.

过接触,其中就有"平川教派的领袖释智广等人"。① 当时的主要目的限于协助吴庭艳与这些教派武装达成停火协议。1955年,吴庭艳下令军队镇压了平川教派,后者"为此一直耿耿于怀",②吴庭艳统治恶化了南越社会形势的同时,佛教集团遂成为社会上反政府的重要力量之一。1963年8月,中情局情报备忘录办公室的一份名为《南越人物目录》的报告涉及几乎所有政府内外高层人士,其中佛教领袖就有四位。③ 80岁的越南佛教协会高僧释静洁(Thich Tinh Khiet)当时已病重,被认为激进的释静明(Thich Tinh Minh)已被南越当局关押,第四位是南越佛教研究协会主席梅寿传(Mai Tho Truyen)。智广排在第三位,对他的介绍是:5月8日顺化抗议事件

---

① 亨利·莫尔:《越战前后目击记》,第221页。
② 同上,第103页。
③ "Cast of Characters in South Vietnam"(《南越人物目录》), Office of Current Intelligence Memorandum, OCI No.2703/63, Aug 28, 1963, p. 14 Secret. Declassified June 3, 1976. Kennedy Library POF, Countries, Vietnam, Security, 1963, U.S. Declassified Documents Online, tinyurl. galegroup.com/tinyurl/4CB5S8, accessed 7 Jan. 2017.

图 4-2 西贡舍利寺的集会。（美联社/环球网照片）
图片来源:《一代人的死亡:暗杀吴庭艳和肯尼迪如何延长了越战》。

的发起人,躲过了当局的抓捕,年轻,政治敏锐,感染有结核病。

5月10日双方又进行了一次谈话。他们发现圆滑的他"既不承认也不否认其目标是摧毁吴庭艳"。① 他们与智广的定期接触一直保持到9月,虽然他们的谈话内容至今没有披露,但后面发生的事从诸多迹象来看很难说不是美国与智广合作的结果。所以,在此就有必要正视吴庭艳的宗教政策。笔者以为,以下两点值得注意:

其一,所谓宗教歧视问题。吴庭艳内阁成员和校级以上军官中,佛教徒为数不少;而高级将领大多数都是佛教徒,仅以中情局所列《南越人物目录》为例,这个比例占到近40%。身为政变集团主要领导人的杨文明(Duong Van Minh)、陈文敦(Tran Van Don)、陈善谦(Tran Thien Khiem)等人决心倒吴之时,都不是因为不满吴庭艳对佛教徒的镇压,几乎无一例外是出于个人私怨。就

---

① Thomas L. Ahern Jr., *CIA and the House of Ngo*, p.166.

当局与佛教协会的一般关系而言,总体良好。1956年,经第二届国会批准通过,决定拨出资金修缮西贡最大的寺庙舍利寺。吴庭瑾一直遵吴庭艳之令,扮演着中部越南佛教组织保护人的角色,经常与智广协商,在资金方面总是慷慨解囊。其二,吴庭艳在佛教徒危机期间的表现,并不是如大多数人描述的那样,一味地高压、残暴。尽管其弟媳陈丽春之恶毒冷酷让世界为之震惊,也没有人把吴庭艳和吴庭儒夫妇区别对待,或许这种区分在那样的情况下无关紧要,但笔者认为,还是应当注意从看似微不足道的细节中挖掘事实真相,不能含糊地下结论。

1963年5月8日顺化僧侣示威的原因是政府禁用佛教旗幡,这个禁令源于50年代中期,政府规定公共场合只能悬挂国旗。问题在于就在顺化抗议的前几天,顺化到处升起教皇旗,庆祝吴庭叔获得主教职位,这项缺乏理智的举动在大多数民众信奉佛教的越南注定要引起轩然大波。而事实上,佛教徒抗议前一天,禁令就已被取消。5月7日清晨,吴庭瑾邀请智广和另外两名僧人到家中讨论6日的总统令,在场的还有内政部长裴文亮(Bui Van Luong)。吴庭瑾向他们保证,在佛祖庆典期间不实施禁令,并颇有诚意地说:"我们付不起让最大的宗教旗帜以这种态度受到压制的代价。"①负责安全的副省长邓士下了命令,但消息并没有立即传达到所有人,导致警察扯掉了旗帜。第二天,两万名佛教徒和数万群众举行声势浩大的游行,乘坐装甲车的政府部队赶到后驱赶人群,并对示威者开火,造成包括2名儿童在内的9人被杀,14人受伤。这一惨剧没有让吴庭艳变得更理智,除了承诺赔偿受害者及其家属外,他在会见佛教代表团时竟然大谈南越宗教信仰自由,禁用教旗适用于所有宗教,不单是针对佛教云云,对佛教徒提出的其他四项要求含糊其词。显然,事态很严重,吴庭艳仅有这个态度是不严肃、不合适的。

有研究指出,吴庭艳在内心深处认为佛教徒抗议不

---

① Tri Quang,"Cuoc Van-Dong Cua Phat-Giao Vietnam"(智广:《鼓励我的妈妈》),转引自 Edward Miller,*Misalliance*,p.267.

过是越共的工具,佛教徒支持外交中立,一旦政府失去权力,他们准备和共产党合作。佛教徒已经在柬埔寨、斯里兰卡大获全胜,吴庭艳从骨子里厌恶这两个国家,在他看来西哈努克(Sihanouk)在共产党和西方之间采取中立立场,很有可能说服越南佛教徒也这么干,斯里兰卡也一样;老挝已经是这样了,而且正在向越共提供庇护和通道。吴庭艳的结论是,对佛教徒来说,政治权力远比他们高喊的宗教平等重要得多。① 如果这就是吴庭艳决定不妥协的原因,而不是拿来作借口的话,那也不是什么合理的理由。顺化僧侣的抗议还在继续,他们展开了 48 小时绝食行动。更糟糕的是,事态继续恶化,佛教徒运动倾向于成为城市中广泛的反吴群众运动。这对美国的形象和利益没有好处。内外压力之下,五六月间,吴庭艳表示愿与佛教徒和解,为此成立由副总统阮玉寿(Nguyen Ngoc

---

① Ellen J. Hammer, *A Death in November: America in Vietnam*, 1963(艾伦·J. 哈默:《死亡在十一月:美国在越南的战争,1963》, New York: Dutton, 1987, pp.140 - 142.

Tho)、国防部长阮廷淳和内政部长裴文亮组成的部际调查委员会。几天后,吴庭艳和吴庭儒会见了佛教协会中部区主席释静明,此举旨在为即将举行的谈判铺垫一个良好的开端。6月6日,吴庭艳发表广播讲话,承认政府官员犯了错误,呼吁和解。仅两天时间,6月8日,吴庭儒夫人的毒舌之语就把这些积极的举措抵消了,据说当吴庭艳拿到弟媳的这份讲话稿时,逐行往下看,似乎从来就没见过这东西。① 随着儒夫妇的公开态度越来越暴虐,吴庭艳准备将弟媳送出越南。差不多同时,释静明和阮廷淳达成了一份和解协议,事情进展至此,危机似乎将趋于平静。但诡异的是,就在协议墨迹未干之际,顺化上空抛洒下的传单攻击智广煽动挑事,指责释静洁未尽到领导的责任。6月11日,一名73岁的僧人广德在西贡市中心自焚。这个震惊了世界的事件是经过精心策划的。广德自焚的前一天,一名佛教徒告知美国驻西贡媒

---

① Edward Miller, *Misalliance*, pp.269 - 270.

体,第二天一早将有重要事情发生。中情局西贡站的亨利·莫尔在《越战前后目击记》里透露了一个情节,广德自焚前夜,平川教派尼姑走进过广德的禅房。也有研究指出,6月10日夜,一群年轻的僧人冲到广德的房间,问他是否要牺牲自己。① 尽管此处有两个说法,且都不详细,但无疑确有其事,只是具体情形有差异。广德自焚的现场触目惊心:他在两位同伴的陪伴下走出汽车,一位拿出蒲垫,让广德坐下来,另一位把五加仑汽油浇在他头上,其他人则围着他形成一个圆。火苗吞噬着他,他的面容极度痛苦,却一声不吭,纹丝不动,警察试图接近他,但被阻挡在外。灭火车赶到时,僧人们纷纷躺下,阻止灭火车靠近。麦克风里越语和英语交替重复一句话:"一个佛教徒长老烧死自己,一个佛教徒长老沦为殉道者。"6月16日,已经意识到事态严重性的吴庭艳接受佛教徒的五项要求,并与佛教徒一起安排了广德的葬礼。然而,智广

---

① 亨利·莫尔:《越战前后目击记》,第103页;Edward Miller, *Misalliance*, p.270.

认为和解是不可能了,就连温和派的心珠也放弃与当局对话。葬礼变成了一次游行,有70万西贡—堤岸市民涌上街头,与警察发生冲突,导致西贡陷于瘫痪状态。此后三四个月里,西贡、顺化等地接二连三发生僧尼自焚事件,示威游行越来越频繁,佛教徒抗议运动的政治影响达到了最大,已经发展成为南越大城市中广泛的反吴群众运动。在这个过程中,大使洛奇与南越政变集团之间唯一的传信人中情局雇员卢西恩·科奈恩(Lucien Conein)奉命向受害的幸存者"支付了5万皮亚特"。① 如果说佛教徒的抗议没有美国的支持,那如何理解美国的这一举动?一种可能是为了避免使西贡当局,进而也避免使自己难堪,如此则未免太不合常理,因为此时华盛顿是乐于看到

---

① "The Anti-Diem Coup"(An account by the CIA agent assigned to deal with Vietnamese generals, whose successful coup brought out the 11/2/1963 murders of South Vietnamese President Ngo Dinh Diem and his brother Ngo Dinh Nhu.), p. 1. CIA, n. d. U. S. Declassified Documents Online, tinyurl. galegroup.com/tinyurl /4CAkh7, accessed 7 Jan. 2017.

吴庭艳倒台的,断不会再起维护之意。科奈恩在呈送中情局的报告中说,"在那之后,对僧人自焚的精心宣传便登场了"。① 这是能说明美国向佛教徒运动提供了隐蔽支持,为搞掉吴庭艳遮人耳目的一个直接证据。还有两份可支持此看法的材料是,1965 年,赫尔姆斯建议给智广以"更大的隐蔽支持",似也能说明华盛顿此前插手过佛教徒抗议。

另一份是中情局档案中留有这样一段记述:"如果吴庭艳仔细审查他自己的情报机关的话,那么,他就另有要担心的事:有那么一天,他的特种警察部队头目报告,美国已锁定吴庭艳为暗杀对象,一个中情局主管的助手和大约 50 名擅长颠覆和暗杀的专家已经待在西贡三个多月了。"②这时正值泰勒、麦克纳马拉率领调查团来西贡考察,时间是 1963 年 9 月的最后一周,也就是说,中情局在西贡的活动不仅猖獗,且与佛教徒抗议是同步的。

---

① "The Anti-Diem Coup", p.1.
② Thomas L. Ahern Jr., *CIA and the House of Ngo*, p.191.

不可否认,作为总统的吴庭艳面对佛教徒抗议一直支持采取高压手段,并亲笔签署了对几名佛教徒的逮捕令,但是僧人自焚事件以后,顽固如他,也不得不稍加谨慎。将领们告诉吴庭艳,如果佛教领袖发起以总统府为目标的大规模游行示威,军队将不会加以阻止。① 8月18日晚,十名高级将领在吴庭儒召集下开会,讨论将采取的措施,参加者都是后来政变集团的骨干成员。将领们一致建议实施戒严,戒严期间,把外地来西贡的僧人遣返回各自省区。吴庭艳最终接受了将领们的意见,但坚持要求不能伤害任何一个僧人,更拒绝对学生使用武力。② 不料,这引起了吴庭儒的严重不满,后者甚至在公开场合指责其兄软弱无能。由此看出兄弟间性格、处事态度的差异,也足以说明吴庭艳并不清楚8月21日行动的具体内容和

---

① "Evaluation by General Tran Van Don, Commander of the Army of the Republic of Vietnam, of the martial law action in South Vietnam". CIA: Telegram Information Report, Aug. 24, 1963, p. 6. U. S. Declassified Documents Online, tinyurl. galegroup. com/tinyurl / 4CAzg5, accessed 7 Jan. 2017.
② Ibid.

操作,他过于相信自己的兄弟,并不知道自己同意的是一个什么样的计划。几乎与此同时,政府秘密逮捕僧人的消息见诸报端,事情起因是这样的:

吴庭儒的秘密警察逮捕了平川教派的四个尼姑,她们当中的一人曾被看见在广德自焚的前夜走进过他的禅房,还有一个是武装部队副参谋长黎文金(Le Van Kim)的侄女。大使瑙尔汀打电话给吴庭艳,要求他立即释放被捕的尼姑,以免引起军队和政府的冲突。吴庭艳把瑙尔汀的电话转达给吴庭儒,后者表示决不放人。恰在此时,有三人成功逃脱。据说她们被酷刑折磨,根本没有行动能力,仅凭她们自己无论如何逃不出戒备极其森严的隆成营。① 根据亨利·莫尔所言,他作为西贡站工作人员,参加了对她们的审讯,"名义上是为了沟通中情局与越南警察之间的联系,实际上是监督已经遭到几乎所有越南人反对的吴氏兄弟的活动"。② 因

---

① 隆成营是吴庭儒直接掌握的武装特务部队的训练营地。这支武装一直由中情局西贡站负责训练和提供最先进的武器装备。
② 亨利·莫尔:《越战前后目击记》,第99页。

此,她们很有可能是在中情局西贡站的帮助下回到西贡的。更让人匪夷所思的是,8月19日,三人在独立宫前散发传单,揭露警察的野蛮行径并实行自焚。平静了一阵的西贡再度沸腾起来,所有佛教徒涌到总统府抗议,要求严惩凶手。与此同时,西贡汽车工人、码头工人、纺织工人、水电工人举行全面罢工,抗议政府出尔反尔,其他各地也相继爆发游行示威。以上就是8月21日袭击寺庙事件的背景。

这次由吴庭儒一手策划的统一搜捕行动极其野蛮,他亲自控制的武装特务部队和秘密警察穿上伞兵部队的军服,伪装成军队,袭击舍利寺,打伤30多人,其中5人重伤,佛器也遭到亵渎毁坏,但现场无僧侣死亡。同一时间,顺化、岘港等地寺庙也遇袭,各地共逮捕僧人1400多名。智广不在其中。他和另外两名僧人在袭击开始之前就已进入美国大使馆避难。袭击来得很突然,通往美国大使馆的电话线都被吴庭儒切断了。在几乎与外界断绝联系的状态下,智广要走出舍利寺是不可能的。然而,他躲过了逮捕。洛奇在舍利寺被袭36小时后抵达西贡,立

图4-3 佛教僧人智广(左)和两名同伴结束政治避难,走出美国驻西贡使馆,1963年11月4日。
图片来源:《一代人的死亡:暗杀吴庭艳和肯尼迪如何延长了越战》。

即高调接见智广等人,拒绝把他们交给吴庭儒。如果没有美国的庇护,智广难以逃脱搜捕,而且一直到吴庭艳倒台,智广才走出美国使馆。

综上所述,1963年佛教徒"危机"和美国推翻吴庭艳有着极其密切的联系。佛教徒领袖释智广于其中推波助澜,佛教徒抗议所用手段之激进前所未有,实属罕见,美国或暗中支持,或公开庇护,释智广和这场被称为"危机"的运动成为美国颠覆吴庭艳的得力工具。1963年南越佛教徒运动绝不仅仅是自发的力量,它固然是南越政治、社会矛盾的大爆发,同时,也是美国为搞垮吴庭艳蓄意策划的隐蔽行动的一部分,可以说,正是美国制造了"危机"。在这个过程中,正如洛奇所言,要掩盖美国对政变的插手就需要中情局介入。① 具有讽刺意味的是,中情局和西贡站高层极力反对"换马"。

---

① Thomas L. Ahern Jr., *CIA and the House of Ngo*, p.175.

V

第五章

中央情报局与政变

1963年由美国一手扶植起来的南越吴庭艳政权被军事政变推翻,对此美国官方的认识是,"吴庭艳政府倒台是美国政策史上可能改变我们对越南投入方向的关键性事件之一",①美国学界的探讨基本上未偏离这一认识。② 然而,对于如此重要之事件,其全貌至今并不充分和清晰。1971年,尼克松出于竞选连任的需要,恐被问

---

① Pentagon Papers-part Ⅳ-B-5, Evolution of the War: The Overthrow of Ngo Dinh Diem(《五角大楼文件》,"战争的演变:推翻吴庭艳"), p.i.
② 一些史家认为,如果美国继续其"要么和吴一起游泳,要么下沉"的政策,越南后来发生的事情可能将有巨大的不同,"驱除吴庭艳打开了潘多拉盒子,很快就完全超出了美国的控制范围",美国即使不能打赢,留着吴庭艳也不会产生其后灾难性的后果,因为吴庭艳"永远不会同意送来50万美国人在他的国土上打仗"。塞思·雅各布斯认为上述看法丝毫没有力度,他并不彻底否定吴庭艳,但认为"吴庭艳的统治没有做什么能使人产生热情的事情","吴庭艳的国家是个永远的乞讨者",从未能在组织上、意识形态上与共产党相竞争,即使再持续试验下去,恐怕南越仍然需要庞大的美国军队存在。(参见 Seth Jacobs, *Cold War Mandarin: Ngo Dinh Diem and the Origins of America's War in Vietnam*, 1950 - 1963,第187页。)爱德华·米勒的评论或许更富见地,"无论是他的推崇者还是批评者都不能把他作为一个历史的角色给予他应有的位置"。(参见 Edward Miller, *Misalliance*, *Ngo Dinh Diem*, *the United States*, *and the Fate of South Vietnam*,第14页),米勒概括了史家有关吴庭艳的各种评论,参见本书前述内容。

第五章　中央情报局与政变

及吴庭艳的问题,曾向中情局调阅相关材料。有关中央情报局在南越政变中究竟起什么作用,一直以来史实不详。国内学界也鲜有讨论。① 这个问题不解决,就不能认为已经彻底弄清楚1963年南越政变了。事实上,中情局及西贡站高层极力反对替换吴庭艳。

第一节 兰斯代尔

1954年7月,日内瓦协议签字前夕,中央情报局局长艾伦·杜勒斯在国家安全委员会上宣称,奠边府的胜利极大地抬高了胡志明的威望,如果1956年7月的选举如期举行,他当选毫无悬念,越南全境都将沦为共产党控

---

① 张纬经:《美国媒体与吴庭艳政权的覆灭》,《东北师大学报(哲学社会科学版)》2010年第2期;李连广:《论南越吴庭艳政权的倒台及其对美国冷战政策的影响》,《武汉大学学报(人文科学版)》第64卷第5期,2011年9月;陈波:《〈五角大楼文件〉中的1963年南越军事政变》,《军事历史研究》2016年第1期。

制之下。① 早在年初,中情局就"开始物色与之直接合作,以抵抗越盟扩张的越南领导人"。② 为此,1954年4月,中情局重建西贡站隐蔽行动处,其行动不受大使馆支配,负责人为保罗·哈伍德(Paul Harwood)。与此并行的另一项筹备是,1954年1月初,经国家安全委员会会议提议,爱德华·兰斯代尔将被派赴越南,③三个月后,国家安全委员会批准了这项安排。二战期间,兰斯代尔为战略情报局工作,后因在菲律宾镇压共产党游击队而声名鹊起,被吹捧为反共专家、"国王制造者",此次经杜勒斯兄弟直接授权建立西贡军事站(Saigon Military

---

① Clayton D. Laurie and Andres Vaart, "Indochina—In Support of a Colonial Power, 1945-54"(克莱顿·劳里、安德烈斯·瓦尔特:《印度支那——支持殖民大国,1945—1954》),*Studies in Intelligence*(《情报研究》),2016年9月。劳里是中情局历史学家,瓦尔特是《情报研究》的主编。《情报研究》是美国专业情报研究杂志,2016年9月的主题是"中央情报局和东南亚的战争 1945-1975"(CIA and the Wars in Southeast Asia, 1945—1975)。
② Thomas L. Ahern Jr, *CIA and the House of Ngo*, p.14.
③ Ibid., p.15.

Station)。他名义上是大使馆空军武官助理,但不必向国务院汇报,只对艾伦·杜勒斯负责。几乎与此同时,吴庭艳成功迫使保大皇帝任命自己为总理。

中情局1951年前后就跟吴庭艳家族建立了联系,和吴庭艳的兄弟吴庭儒关系尤为密切。一个跟吴庭儒夫妇建立了"友谊"的情报人员斯彭斯认为,吴庭儒"需要我们,远超我们需要他"。[1] 但事实上,美国更为迫切地需要"乐于接受西方指挥……又足以抗衡胡志明的政治家"[2]。哈伍德奉命和吴庭儒会谈后认为,只要对方接受"美国直接参与训练南越军队和加入南越政府那丝毫没有希望的对越盟的抵抗"这个条件,(美国)应毫不犹豫地给予支持。[3] 1954年6月1日,兰斯代尔也进入西贡。6月26日,流亡海外三年的吴庭艳归来,他既未发表机场演说,也没有像兰斯代尔希望的那样,"坐在敞篷汽车里

---

[1] Thomas L. Ahern Jr, *CIA and the House of Ngo*, p. 22.
[2] Ibid., p. 4.
[3] Ibid., p. 17.

在这个城市缓慢通过,或者哪怕是步行,以示亲民"。①兰斯代尔向局长杜勒斯报告说,吴庭艳是个"不善言辞,但正寻求帮助的梦想家",而自己已经找到了挫败共产党"叛乱"的钥匙。

法国此时还控制着南越,对反法情绪严重的吴庭艳极力排挤,由他出任总理是法国最不愿意看到的。美国驻西贡大使馆对吴氏兄弟的态度仍有所保留,大使希思是欧洲中心主义者,赞成法国重返印支。他个人似乎也受法国人影响,并不喜欢吴庭艳,尤其讨厌吴庭儒。② 吴庭艳和这样一位"从法国人视角看我们的问题"③的大使关系自然很冷淡,吴氏兄弟迫切需要利用中情局帮助他们树立统治权威。④ 到 1954 年年底,"中情局处理与吴庭艳关系的模式已经形成,并保持到 1963 年美国抛弃他

---

① Seth Jacobs, *Cold War Mandarin*, p.43.
② Thomas L. Ahern Jr., *CIA and the House of Ngo*, p.18.
③ Ibid., p.7.
④ Ibid., p.17.

为止,该模式优先考虑的是抵御这个政权的敌人",①以至于被大使馆指责"一个中情局小集团竟然跟官方政策对抗",西贡站与大使馆之间的紧张关系一直到大使科林斯离任才有所缓和。②

艾森豪威尔"已经厌倦了来自南越的报告总是惊慌失措",国务卿杜勒斯建议派一名高级将领作为总统特别代表赴西贡。劳顿·科林斯曾服役欧洲战场、太平洋战场,战后先后担任陆军参谋长、美国驻北约军事委员会代表,1951年还曾访问越南,正是不二人选,其使命是"帮助稳定和巩固吴庭艳领导下的越南合法政府"。③ 然而,吴庭艳在科林斯眼中"身材矮小,腼腆内向,几乎毫无个人魅力",后者"丝毫不相信他拥有天赋,能在这个艰难时

---

① Thomas L. Ahern Jr., *CIA and the House of Ngo*, p.56.
② Ibid., p.55.
③ Lawton Collins, *Lightning Joe: An Autobiography*(劳顿·柯林斯:《闪电乔:柯林斯自传》), Baton Rouge: Louisiana State University, 1979, p.398.

刻管理好这个国家"。① 到任仅一个月,他就报告华盛顿,"吴庭艳没有能力团结越南分崩离析的派别"。② 这难免会和身为吴庭艳顾问的兰斯代尔发生分歧,因为在兰斯代尔看来,帮派武装和法国人才是迫在眉睫的威胁。③ 这也与吴庭艳消灭帮派武装,统一南越军政的意图不谋而合。为此,兰斯代尔极力向帮派武装保证吴庭艳意图良好,以兜售收编方案。为促成交易,他希望科林斯至少可以向高台教做出再保证。科林斯却非常怀疑这些人不够可靠,在和他们的谈话中也不掩饰这种态度。兰斯代尔认为这会引起对方的误解。

如果说吴庭艳在各省缺乏影响力只是令人沮丧,西贡的形势则足以让人绝望。平川帮是臭名昭著的犯罪组织,就在吴庭艳回到越南的同时,保大却把警署交由平川帮控制。作为交换条件,这位皇帝得到了大约125万美

---

① Seth Jacobs, *Cold War Mandarin*, p.66.
② Thomas L. Ahern Jr., *CIA and the House of Ngo*, pp.18 - 19.
③ Ibid., p. 34.

元的回报。平川帮资财雄厚,武备精良,控制了西贡的治安权,又得到法国人支持,可以说它是吴庭艳最危险的敌人。1955年3月21日,平川帮联合高台、和好两教,宣布组成所谓"国民力量联合阵线",谴责吴庭艳独裁,要求重组一个得到认可的内阁。

广纳贤良、改革行政是科林斯一贯的主张,因此,他让吴庭艳同教派武装谈判,并联合法国驻印支总专员兼印支法军司令厄利向吴庭艳施压,要求他运用政治手段而非武力解决危机。3月29日晚,平川帮先发制人,对政府军据点开火,并炮击吴庭艳官邸。第二天,兰斯代尔得知科林斯竟然支持厄利以武装干涉威胁交战双方停火,①他认为这等于法国承担起西贡保护国的角色。科林斯却不以为然,坚持认为法国的合作是维持自由越南所必需的。不久,科林斯再次敦促吴庭艳"扩大他的政府

---

① Thomas L. Ahern Jr., "The CIA and the Government of Ngo Dinh Diem", p.43.

基础",①认为这是他"建立一个高效政府的大好机会……但还是什么也没有,哪怕是丁点积极作用也好"。② 科林斯对吴庭艳特有的顽固感到绝望了。在1955年4月7日给国务院的电报中,他明确说,"我的判断是,艳不具备……阻止这个国家被共产党统治的能力"。③ 就在同一天,科林斯正式向杜勒斯建议抛弃吴庭艳,"除非吴庭艳去职,否则有利的形势也不足以保证南越在铁幕之后安然无恙,虽然这么说我感到非常遗憾,但对此我坚信不疑"。④ 就一位美国高级官员而论,科林斯的立场已经是一种激进派的观点,与华府将"吴庭艳和'解放'南越统一起来的义务"完全背道而驰,难怪国会参众两院领袖纷纷斥责他"的确什么都不懂",一派胡言。

---

① 马克斯韦尔·泰勒:《剑与犁——泰勒回忆录》下卷,第297页。
② Thomas L. Ahern Jr.,"The CIA and the Government of Ngo Dinh Diem",p.44.
③ *FRUS*,1955 - 1957,Vol. Ⅰ,Washington,D.C.:GPO,p.219.
④ Collins Papers:Collins to Dulles(《柯林斯文件集:柯林斯致杜勒斯》),DDEL♯26,April 7,1955.

在他们看来,吴庭艳"诚实、风度翩翩、体面,是我们应当支持的类型,而不是那些阴谋家、土匪、流氓"。①

而与此同时,兰斯代尔也报告华盛顿,认为科林斯处置不当:一方面批评吴庭艳被动,另一方面又阻止他打击平川帮。仅此一点就是对吴庭艳政权最直接的威胁。②兰斯代尔随即提出一项可能有利于吴庭艳的建议,由于担心科林斯反对该建议,他请求中情局总部在无须大使馆配合的情况下立即批准;在科林斯即将被召回华盛顿就吴庭艳的政治前景进行磋商前夕,他又因担心科林斯在华盛顿煽风点火,请求总部允许自己陪同。而科林斯建议替换吴庭艳的那封电报也没有让西贡站知晓,中情局可能意识到科林斯即将被召回,所以并未就此做出反应。对中情局和吴庭艳政权关系最具决定性的事件就发生在科林斯4月20日返回华盛顿的途中。

---

① Seth Jacobs, *Cold War Mandarin*, p.77.
② Thomas L. Ahern Jr., "The CIA and the Government of Ngo Dinh Diem", p.44.

科林斯在香港时发现《时代》杂志的封面竟然是吴庭艳在中部越南受到盛大欢迎的场面。作为冷战年代美国的主流媒体,以关注亚洲为导向的《时代》杂志对第三世界国家的领袖人物总是情有独钟,老板亨利·卢斯向美国大众呼吁为吴庭艳加油,认为吴庭艳对抗平川帮正体现了美国在西贡的外交成就。兰斯代尔炮制了吹捧吴庭艳的文章,《时代》决定配以"吴庭艳在自由越南日益高涨的政治形象"发表。① 科林斯被深深激怒了,回到华盛顿后,他在部际委员会上"坚持说吴庭艳根本不会如此受欢迎,照片是伪造的,中情局的'报告带有倾向性'",吴庭艳就是个谎言家。②

很显然,西贡站可以在任意一个时刻抛出材料,但他们偏偏趁科林斯返回华盛顿之际,目的无疑是要阻止他采取对吴庭艳不利的行动。科林斯一直抱怨西贡站享有

---

① Thomas L. Ahern Jr., "The CIA and the Government of Ngo Dinh Diem", p.45.
② Ibid.

的行动自由过大。① 他曾指示,(中情局)不经事前与他、副大使以及政治参赞协商不得着手……在越南的新计划,"而且,中情局必须定期与这些官员评估"当前的行动。1955年2月,艾伦·杜勒斯派专人赴西贡和科林斯"商讨上述决定",却被科林斯挡了回去。仅仅过去两月就发生对大使权威的公然挑战。而给科林斯使命最后一击的便是吴庭艳最终铲除了平川帮,而且是在这位大使离开的短短几天内。

4月26日,吴庭艳解除了法国支持的警署首脑赖文相(Lai Van Sang)的职务,兰斯代尔恳请中情局总部授权向吴庭艳保证华盛顿将继续承担义务。但艾伦·杜勒斯敦促对吴庭艳加以约束,任何需要的保证都将通过副大使基德发出,而且目前不会给出任何保证,直到最高层正在设计的意图有了结论为止。② 兰斯代尔马上意识到

---

① Thomas L. Ahern Jr., "The CIA and the Government of Ngo Dinh Diem", p.46.
② Ibid.

他担心的事情终究还是发生了,而且远比自己想象得还要严重。

如前所述,科林斯遇到的阻力不仅来自中情局,在国会也有一批力挺吴庭艳的重量级人物,例如参院外委会主席曼斯菲尔德就是其中一位。科林斯自觉比这位参议员更懂得南越局势,毕竟他只在那里待过几天,而自己几乎待了半年。再加上作为华府派驻南越的最高级别官员,也是最权威的情报来源,这就足以让科林斯的再三坚持不能不得到重视。中情局档案里提到这件事时,字里行间透着一丝讥讽,"总统私人代表的头衔固然出于证明他有资格对话吴庭艳政府和法国人而量身定做,但这个头衔也准确反映了他和艾森豪威尔总统的关系"。① 科林斯的态度也鼓励了保大,这位此前一直避免直接出面的挂名元首按捺不住,向美国驻法使馆提出了以他为主

---

① Thomas L. Ahern Jr., "The CIA and the Government of Ngo Dinh Diem", p.46.

执掌南越政权的方案。

4月27日傍晚,华盛顿连发三封电报指示驻法使馆,一待保大就平川帮交出西贡治安权做出保证,美国即与法国一起组织保大要求的政府。同样的电文也发往西贡。如前所述,在此次倒吴危机中,兰斯代尔仍坚持维持吴庭艳的统治。他认为吴庭艳一定能消灭平川帮,并确信所有人包括副大使基德在内,跟他的判断一样。他要求基德同意大家向各自的上级部门报告他们的看法,被拒之后,兰斯代尔联合西贡站共同致电中情局总部。这是第一次两个各自为政的隐蔽行动工具的合作,目的只有一个:为巩固吴庭艳政府创造条件并加以执行。① 电文称,平川帮和越南共和国军队之间发生交火,争夺西贡的战斗正在进行。西贡站认为比起任何一个令人憧憬的替代者,吴庭艳都拥有更好的机会取得成功,不支持他将注定任何一个继任政府都将失败,越盟将坐收

---

① Thomas L. Ahern Jr., *CIA and the House of Ngo*, p. 16.

渔翁之利。① 由此,杜勒斯立即命令巴黎和西贡等待进一步指示。4月28日的国家安全委员会会议上,杜勒斯表示,最好的政策是"顺其自然",吴庭艳将以一个英雄的身份出现也不一定。②

4月30日,争夺西贡的最后一战打响。就在此时,保大要求吴庭艳速去巴黎。兰斯代尔怂恿吴庭艳不予理睬。③ 吴庭艳拒绝离开,并故意向保大透露这样一个信息:军队和已投诚的高台教意在废黜皇帝。为进一步摸清美国的底牌,他还让吴庭儒告诉哈伍德,自己不会听命。到4月30日中午,平川帮等武装被逐出西贡,只据有堤岸几个孤立的据点。这一天是周末,但艾伦·杜勒斯立即把最新战报通报给国务院,并认为在此时履行总统对科林斯的承诺是错误的,建议推迟美国倒吴计划。

---

① Thomas L. Ahern Jr., "The CIA and the Government of Ngo Dinh Diem", p.45.
② Seth Jacobs, *Cold War Mandarin*, p.77.
③ Thomas L. Ahern Jr., "The CIA and the Government of Ngo Dinh Diem", p.47.

杜勒斯此时认为"我们来说,参与拉艳下马不仅在国内是行不通的,而且对我们在亚洲的声望损害极大"。①

加强吴庭艳在南越的统治固然是因为艾森豪威尔政府在他身上下了大赌注,但就兰斯代尔个人而言似

图 5-1　爱德华·兰斯代尔,1963年(美国空军)
图片来源:《一代人的死亡:暗杀吴庭艳和肯尼迪如何延长了越战》。

乎还出于一种情结。他始终为吴庭艳顽固的个性而沮丧,却从未动摇过对吴庭艳的支持,他在给中情局的电报中说,吴庭艳"是南越最强有力的领导人,是南越政坛唯一能够动员真正民族主义支持的人物"。② 中情局认为,

---

① *FRUS*,1955-1957,Vol.Ⅰ,Washington,D.C.:GPO,pp.344-345.
② 亚诺编著:《CIA 美国中央情报局全传》,南京:凤凰出版社,2010 年,第 104 页。

兰斯代尔在西贡期间"发挥了两个关键作用,首先是力谏并促使华府在1955年5月支持吴庭艳,其次是在吴庭艳和教派武装谈判中扮演了诚实的掮客角色",[1]"他对自己把吴庭艳变成越南之父投入过深"。[2]

第二节 反对"换马"

艾森豪威尔政府时期,美国驻老挝、越南的派出机构在对外政策上往往各行其是,甚至相互拆台,造成美国外交令出多门。在希思和科林斯任内,大使馆与西贡站的矛盾盖缘于此。艾伦·杜勒斯曾提醒兰斯代尔,"假如中情局成为(与吴庭艳——笔者注)沟通的主要渠道,那么对中情局和国务院的关系,无论是在越南战场还是在华盛顿,都将产生最令人遗憾的后果",虽然他是作为情报

---

[1] Thomas L. Ahern Jr., *CIA and the House of Ngo*, p.109.
[2] Ibid., p.222.

人员开展工作的,但国务院的程序还是要遵守的。① 话虽如此,到 1955 年 4 月底之前,中情局"支配了华盛顿为确保吴庭艳当局生存所做的一切努力"。② 在这之后,情况开始起变化。西贡站"自由放纵的发挥一去不复返,重心转向情报收集"。③ 在这种氛围下,兰斯代尔所起的作用就不大了,1956 年年末他离开西贡,小组也随之解散。中情局西贡站就此重新归于一口,新任站长尼古拉斯·纳齐奥斯(Nicholas Natsios)打算从所有新大使希望亲自处理的事务中全身而退,④开始"关注该政权的日常而不是一味帮助它对付敌人"。⑤

当然,中情局没有丝毫理由感到乐观。1956 年 4 月中情局西贡站隐蔽行动处负责人哈伍德离任,他的替任者道格拉斯·布劳法布(Douglas Blaufarb)比他更怀疑

---

① Thomas L. Ahern Jr., *CIA and the House of Ngo*, p.48.
② Ibid., p.87.
③ Ibid., p.108.
④ Ibid., p.108.
⑤ Ibid., p.111.

隐蔽行动对南越政府的支持效果。布劳法布认为,"吴庭艳和吴庭儒都确信自己的政权命悬一线,不仅越共,甚至法国和已经鸟兽散的帮派武装也可以威胁到他们。吴庭艳兄弟就是需要利用这种不安全感来控制媒体,在军队搞特务政治,将宪法变成嘉隆宫的附属品"。① 而西贡站不愿意在越南看到下一个李承晚。② 1958年秋天之前,这种不满和批评还是偶尔的和浅显的,即使对吴庭艳总是失利于共产党沮丧至极,至少对他的个人品行仍表示赞赏。③ 1958年10月,西贡站在评估报告中认为,颠覆还不是造成吴庭艳政权式微的重要因素,共产党、割据势力、非共的不同政见者全部加起来也构不成一个有一定规模的反对派,但群众的日渐疏离的确对吴庭艳很不利。然而,只要没有竞争者,吴庭艳就会继续执政;如果没有一位赢得军队上下尊重的领导人出现,甚至一场军事政

---

① Thomas L. Ahern Jr., *CIA and the House of Ngo*, p.107.
② Ibid., p.116.
③ Ibid., p.147.

变目前也没有可能。①

随着南方武装斗争逐渐兴起,在西贡的美国官员,除极少数外,对吴庭艳当局的不满日益增多,他们越来越看到,越共依赖民众支持,只有通过政治、经济措施赢得民心才能将越共摧毁。西贡站在中央高地笼络并武装当地山民以对付越共,却没有根本改善吴庭艳政府在农村的地位,因为资源被吴氏兄弟更多用于对付非共反对派和防范美国人。西贡站在看到政府如此低效,对吴政权颇多指摘的同时,开始密切关注越南新领导层的兴起,热衷于跟反对派建立联系,②但又担心这些人误以为是美国对其认可和支持的暗示。③ 究其根本,对于换掉吴庭艳,美国是半心半意的——继续倚之,前景堪忧,换之又乏人。

西贡站内部也渐成两派,以中下级官员为代表的反吴派和以管理层为代表的挺吴派。反吴派多为年轻官

---

① Thomas L. Ahern Jr., *CIA and the House of Ngo*, p.127.
② Ibid., p. 116.
③ Ibid., p. 151.

员,初出茅庐,他们对吴庭艳能否除弊革新疑虑更深,灰心丧气。例如,后来担任中情局局长特别助理的乔治·卡弗当时就认为吴不可救药,只有彻底变革才能挽狂澜于既倒,然吴庭艳绝不会有任何改变,改革也永无到来之日。尽管吴庭艳有着人们广为宣传的种种弱点,挺吴派倾向于对吴持赞同的观点,即使对局势最感悲观者也不认为吴庭艳面临生存危机。① 其中,1960 年 6 月晋升为站长的威廉·科尔比是少数对吴庭艳仍抱有信心的高级官员之一,与纳齐奥斯风格不同,颇像兰斯代尔,他"乐观得就像行善布施者一般",以至于被认为"根本没有审视过吴氏兄弟及其政权"。② 对吴庭儒这个"不再可靠的利用工具",他也力排众议,还在担任副站长期间就与其过从甚密。在他看来,对吴庭艳指摘甚苛的官员仅仅是受到异见者的影响,作为站长,自己有义务消解来自批评者的报告,以他认为更平衡的视角进行评估。虽然中情局

---

① Thomas L. Ahern Jr., *CIA and the House of Ngo*, p. 139.
② Ibid., p.135.

认为这些争论没有造成内部关系紧张或走向极端①,但有足够的证据表明,西贡站部分人员卷入了1960年11月政变。②

这次政变是大约5个营的伞兵部队在11月11日凌晨发动的。几个小时内,他们控制了西贡各大要害部门,唯总统府尚在围攻中。有研究指出,大使德布罗和国务院打算在政变成功后立即支持新政权,忠于吴庭艳的军队大量开进西贡后,德布罗还强烈要求吴切勿进攻政变部队。③ 其实情况并不完全如此。德布罗的确没有坚定表示支持吴庭艳,就在一年前,恰恰是他本人提出在南越换马的设想。但令人费解的是,不知是直接来自他本人还是西贡站的指示,乔治·卡弗奉站长科尔比之命,向政变部队施压,要求他们不要炮轰总统府,而要跟吴庭艳谈判。多年后,卡弗回忆说,从职业角度而言,对接受并传

---

① Thomas L. Ahern Jr., *CIA and the House of Ngo*, p.139.
② Ibid.
③ 时殷弘:《美国在越南的干涉和战争》,第82页。

图 5-2 1960 年 11 月 11 日政变,独立宫外的一辆叛军装甲车。(爱德华·兰斯代尔文件集,封皮 HG,胡佛研究所档案)
图片来源:《错误的同盟:吴庭艳、美国和南越的命运,1954—1963》。

达这些指令,他感到不应该这么做,因为他相信吴庭艳迟早要退出,而操控政变使之有利于吴庭艳是大大的错误。他对自己承担的角色感到厌恶。无论多么不情愿,他还是执行了命令,竭力劝说政变者和吴庭艳谈判,基于维护吴作为反共事业领导人这一角色的条件去和他谈。[1] 中

---

[1] Thomas L. Ahern Jr., *CIA and the House of Ngo*, p.140.

情局认为,西贡站约束政变者对吴庭艳继续留任是起了关键作用的。①

1960年政变未能成功。与1955年美国遇到的困境完全相同,和科林斯一样,德布罗渴望吴庭艳被取代。1957年3月,他刚上任不久就向华盛顿指责吴政权的某些弊端,但并没有引起华盛顿方面的共鸣,"1961年下半年,受华盛顿更为密切注意的不是越南而是老挝"。②1961年5月,副总统约翰逊访越,吹捧吴庭艳是"亚洲的丘吉尔",③"到此时为止,美国政策成败的赌注一直押在此人身上"。④

当然,华盛顿承认吴庭艳的问题是很紧迫的,"如果说1961年年初在总统所关心的问题的次序表上,越南问题还是放在老挝问题后面的话,那么,由于后来数月发生

---

① Thomas L. Ahern Jr., *CIA and the House of Ngo*, p.42.
② 马克斯韦尔·泰勒:《剑与犁——泰勒回忆录》上卷,第272页。
③ Thomas L. Ahern Jr., *CIA and the House of Ngo*, p.147.
④ 马克斯韦尔·泰勒:《剑与犁——泰勒回忆录》下卷,第290页。

图 5-3　副总统林登·约翰逊与吴庭儒,在西贡嘉隆宫一次由约翰逊主办的招待会上,1961 年 5 月 12 日(美国新闻署林登·约翰逊图书馆礼宾司)

图片来源:《一代人的死亡:暗杀吴庭艳和肯尼迪如何延长了越战》。

的一系列事件,情况开始变了"。①

这些事件中,最引人注意的是兰斯代尔提出的一个关于越南局势的报告。此时供职于国防部的他在 1961

---

① 马克斯韦尔·泰勒:《剑与犁——泰勒回忆录》上卷,第 278 页。

年1月初访问越南后,深深感到越共的威胁在增加,兰斯代尔还发现美国大使馆极为沮丧,德布罗大使与吴庭艳的关系疏远,后者对美国国务院及其一切工作产生了一种极不信任的情绪。为了改善这种局面,兰斯代尔建议美国改变工作方法和更换大使馆人员,最后强调说,必须继续援助吴庭艳,设法使他相信美国的动机,至少在一个更有指望的领袖出现之前要这样做。这份报告在此后所有有关越南问题的讨论会中经常被提到。就在兰斯代尔的报告递交不久后,1961年春末,美国驻西贡军事代表团团长莱昂内尔·麦加尔(Lionel McGarr)中将对越南形势做出了悲观的估计。

鉴于越南局势岌岌可危,刚刚就任总统的肯尼迪决定派出由陆军参谋长泰勒为首的调查团赴西贡"探讨各种可以更加奏效的援助办法"。[①] 泰勒使团于1961年10月18日到达西贡,"这是1954年年初以来形势最糟糕的

---

① 马克斯韦尔·泰勒:《剑与犁——泰勒回忆录》下卷,第285页。

时刻","我们的主要任务之一,是要估计吴庭艳的政治寿命和衡量其政府的稳定性"。① 调查团的人员组成充分反映了这一目的,人数不多,但几乎覆盖同越南各项工作计划有关的各主要部、局、署。使团成员、中情局远东司司长德斯蒙德·菲茨杰拉德(Desmond FitzGerald)指示西贡站,"要更积极地试探替代者的可行性,以防吴庭艳和他的政府消失"。② 这是1954年吴庭艳确立独裁统治以来,美国第一次产生换马的设想,或者更准确地说,是对德布罗1960年9月向国务院提出换马的首次回应,模糊了艾森豪威尔时期确立的态度底线——有马可换之前,不应试图换马。③ 这显然和以科尔比为首的西贡站的判断截然相反。

如前所述,在越南局势越来越不利于吴庭艳政府的时候,科尔比对他仍抱有信心,因为在其看来"吴庭艳是

---

① 马克斯韦尔·泰勒:《剑与犁——泰勒回忆录》下卷,第289页,第294页。
② Thomas L. Ahern Jr., *CIA and the House of Ngo*, p.151.
③ *FRUS*, 1955–1957, Vol. Ⅰ, Washington, D.C.: GPO, p.251.

世界上最有力的反共领袖人物之一"。① 不但对吴庭艳如此,甚至对几乎所有人都厌恶的吴庭儒,科尔比也不吝溢美之词。② 那个臭名昭著的"战略村"计划最开始就是科尔比向吴庭儒吹嘘西贡站在中央高地的经验,经两人多次讨论而萌生的设想,妄图牢牢控制农村人口,尤其是越共的同情者,进而剿杀越共,扑灭南方抗美斗争。1962年战略村计划正式出笼,吴庭艳却邀请来"反叛乱"专家英国人汤普森,这非但没有让科尔比心生反感,反而增加了对吴氏兄弟的信心。在德布罗跟吴庭艳关系尤其恶劣的情况下,科尔比"希望吴庭艳最终能认识到美国提出的忠告",③ 同时鼓励吴庭艳"大张旗鼓地宣讲政绩"。④ 1960年政变后不久,一份未署名的长达40页的报告认为,吴庭艳"毫不掩饰政权的专制主义,吴庭艳也不承认

---

① 马克斯韦尔·泰勒:《剑与犁——泰勒回忆录》上卷,第279页。
② Thomas L. Ahern Jr., *CIA and the House of Ngo*, p.136.
③ Ibid., p.144.
④ Ibid., p.136.

其弱点,吹嘘道德优越,谴责越共,讥讽法国背信弃义、美国态度勉强但小气"。科尔比对报告的内容深感忧虑,这"可能使吴庭艳看上去信用恶劣或缺乏理性",他在报告后附上自己的说明件递交上去,敦促总部对吴庭艳的判断不仅要根据挑选出来的片言只语,而且要根据他力图在这些谈话中呈现出来的全景,建议今后和吴庭艳谈话最好是配备录音机。① 在科尔比任期的最后几个月,西贡站的评估报告变得越来越矛盾。或许基于这个原因,科尔比在任职仅仅两年后被调离,接替他的是副站长约翰·理查森(John Richardson)。理查森与吴庭儒关系密切,后者的武装特务部队就是理查森一手训练起来的,他还对吴庭儒的人格主义颇为认同,认为此人"聪明而又令人捉摸不透",不可小视。② 正因为两者密切如此,理查森变成政变集团眼中的危险人物,撤换他成为政变集团求证美国支持政变的重要信号。

---

① Thomas L. Ahern Jr., *CIA and the House of Ngo*, p.152.
② Ibid., p.157.

第三节 "报复理查森"

吴庭艳最初所以吸引美国人是因为其具备三个特质：反共的民族主义者、信仰天主教、通英语，① 只是这些所谓的特质从来也没构成对吴庭艳的保证，美国自始至终都在弃吴和扶吴之间来回摇摆。从这个角度看，"无论是他被推翻的可能性还是出于美国的压力让其消失的想法都由来已久"。② 到1963年，"吴庭艳试验"近十年，其专横独裁长期以来让美国政府难堪，双方矛盾的日益激化使美国人宁愿相信"只要除去自大顽固的吴庭艳就能

---

① Thomas L. Ahern Jr., *CIA and the House of Ngo*, p.9.
② 1963-1965：CIA Judgments on President Johnson's Decision to "Go Big in Vietnam"(《1963—1965：中央情报局关于约翰逊总统"在越南大打出手"决策的判断》), p.2. http://www.cia.gov/library/center-for-the-study-of-intelligence/csi-publications/books-and-monographs/cia-and-the-vietnam-policymakers-three-episodes-1962—1968/index.html.

最大限度地巩固西贡脆弱的地位"。① 华盛顿越是沉醉于所谓光明的前景,这种念头就越不可遏止。

多年来,中情局从西贡站到总部对于倒吴的可能性从未停止过关注,赞成他和反对他的讨论也很频繁,然而,他们从来未就是否发动一场政变取得一致。1961年2月,华盛顿对吴庭艳的非议正酣之际,国家情报评估办公室主任谢尔曼·肯特(Sherman Kent)就否定了本部门一份建议考虑取代吴庭艳的文件,包括他在内的中情局所有高层,最重要的是时任中央情报局局长的约翰·麦科恩(John McCone)在推翻吴庭艳的问题上一直采取谨慎的态度。② 1962年春,麦科恩在越南拜访了吴庭艳后,"认为美国应当继续支持这个独裁者"。③ 1963年春

---

① 1963-1965:CIA Judgments on President Johnson's Decision to "Go Big in Vietnam",p.2.
② Ibid.,p.4.
③ 托马斯·鲍尔斯:《守口如瓶的人——理查德·赫尔姆斯和美国中央情报局》,第232页。

夏关于"吴庭艳命运"问题反复辩论①之时,他坚持认为吴庭艳不能换,"对此问题我们仔细研究过了,找不出第二个人能使这个国家捏到一起,就算吴庭艳是个混蛋,但毕竟还是我们自己的混蛋"。② 国务院一些人对麦科恩过度自信的言论甚是恼火,认为他"看问题的角度不对,问题不在于谁能换下吴庭艳,而是我们能否与吴一同取胜"。③ 在赶吴下台的问题上,远东事务助理国务卿罗杰·希尔斯曼、副国务卿威廉·哈里曼(William Harriman)和白宫办公室的迈克尔·弗雷斯特尔三人态度都十分强硬,后者作为肯尼迪的重要助手,是哈里曼的忠实门徒;而希尔斯曼战时曾在缅甸打过游击,认为自己了解越共获胜的原因,在哈里曼的推荐下,他由国务院情报研究司司长升为助理国务卿,也由于哈里曼的支持,希尔斯曼的

---

① 1963-1965:CIA Judgments on President Johnson's Decision to "Go Big in Vietnam", p. 3.
② 托马斯·鲍尔斯:《守口如瓶的人——理查德·赫尔姆斯和美国中央情报局》,第233页。
③ 同上,第233页。

意见引起了白宫的重视。当此之时,西贡街头的一把火成为断送吴庭艳政权的开始。

1963年5月8日,顺化僧众举行示威游行,抗议当局宗教歧视。乘坐装甲车的政府部队对示威者开火,当场打死9人,包括2名儿童,另有14人受伤,还逮捕了数百名佛教徒。面对惨剧的发生,吴庭艳谴责共产党制造了混乱——动辄就说示威者是越共,连美国人都觉得太荒唐。[1] 在其高压态度下,危机愈演愈烈,抗议游行从顺化蔓延至西贡等大城市。6月11日,一名73岁的僧侣广德在西贡市中心引火自焚,这个精心安排的举动震惊了世界。当天,国务院就在给西贡大使馆的电文中指示,"如果吴庭艳不及时采取有效措施重建佛教徒对他的信任,我们将不得不重新审查我们和他的政府的

---

[1] Howard Jones, *Death of a Generation: How the Assassinations of Diem and JFK Prolonged the Vietnam War*(霍华德・琼斯:《一代人的死亡:暗杀吴庭艳和肯尼迪如何延长了越战》),New York: Oxford University Press, 2003, p.263.

全部关系",①建议副大使特鲁哈特（瑙尔汀休假）考虑改善跟"南越共和国非支持者"的接触，"只有你才能觉察到我们与那些一旦发生政变可能发挥重大作用的人的接触（隐蔽的或公开的）现在是否充分"。② 6月21日，国务院情报研究司的文件明确写道："尽管一场政变将要给西贡的战事造成严重的削弱和内部动荡，那里也没有充分合适的领导可供选择，但考虑到机会，再配合美国持续的支持还是可以为行政和战事提供甚为有效的领导。"③这就表明国务院准备彻底抛开一直以来"有马可换之前，不应试图换马"的底线，这次，钟摆再也未能摆回吴庭艳一边。

大使瑙尔汀被撤换是美国发出的第一个倒吴信号。瑙尔汀在其回忆录里不无指责地说，参院外委会主席曼

---

① *FRUS*, 1961-1963, Vol. Ⅲ, Washington, D.C.: GPO, p.383.
② J.M. Newman, *JFK and Vietnam: Deception, Intrigue, and Struggle for Power*（J.M.纽曼：《约翰·肯尼迪和越战：欺骗、阴谋和争夺霸权的较量》），New York: Grand Central Pub, 1992, p.335.
③ 1963-1965: CIA Judgments on President Johnson's Decision to "Go Big in Vietnam", p.3.

斯菲尔德1963年的报告是"将吴庭艳送进棺材的第一颗钉子"。① 1962年10月,曼斯菲尔德为首的代表团结束在西贡的调查,飞机在美一落地,一份机密报告已经转呈肯尼迪。报告敦促总统考虑:国家利益是否真的需要在亚洲大陆上维持一个非共产党堡垒,尤其是要付出全面战争的代价才能达到这个目标。② 来自参院外交委员会主席的忧虑显然并未得到肯尼迪重视,却使他朝着另一个方向走去,即华盛顿对一个非共产党南越所尽的义务是否和支持吴庭艳密不可分。③ 三个月后,代表团起草了一份递交国会的公开报告,报告中写道:"……总的来说,吴庭艳试验彻底失败了。为了继续目前的政策,则需要在一种和美国的利益扯不上一点关系的规模上消耗美国人的生命和资源。"④这不是某个三流记者撰写的抨击

---

① Frederick Nolting, *From Trust to Tragedy*, P.98.
② *FRUS*, 1961 - 1963, Vol. Ⅱ, Washington, D.C.: GPO, pp.779 - 787.
③ Seth Jacobs, *Cold War Mandarin*, p.139.
④ National Security Files, Countries-Vietnam, Feb. 25, 1963, JFKL, box 197.

图5-4 约翰·肯尼迪总统和美国驻南越大使亨利·卡伯特·洛奇于白宫办公室,1963年8月15日。(约翰·肯尼迪图书馆)

图片来源:《一代人的死亡:暗杀吴庭艳和肯尼迪如何延长了越战》。

文章,而是参院多数派领袖、吴庭艳的国会支持者在呼吁放弃吴庭艳试验。

瑙尔汀从一开始就"对吴庭艳的目标和治理哲学推崇备至",在他看来,吴庭艳"远不是一个一心为自己争权夺势的独裁者,他是个有献身精神和高度原则的爱国者","从全面考虑,美国应当毫不犹豫地全力支持吴庭艳"。① 在华盛顿倒吴声音的此起彼伏中,瑙尔汀越赞赏吴庭艳,越显得与当时的氛围极不协调。用一位批评他的官员的话说,他的"观点带有一定的色彩"②,副国务卿鲍尔讥讽他柔和的举止如同"一个懦弱的、三流的偏执者",哈里曼在一次白宫会议上甚至当众对其出言不逊。③ 瑙尔汀善于回避矛盾,这正是肯尼迪最初需要的。然而,他跟吴庭艳太过密切,正如中情局形容自己的海外人员一样,瑙尔汀也可能"因为在当地陷得太深而忘记为

---

① 马克斯韦尔·泰勒:《剑与犁——泰勒回忆录》上卷,第282页。
② 马克斯韦尔·泰勒:《剑与犁——泰勒回忆录》下卷,第383页。
③ Howard Jones, *Death of a Generation War*, p.281, p.332.

谁效劳了"。① 他阻挠曼斯菲尔德在西贡调查期间会见记者,因为在瑙尔汀看来,他们是"麻烦制造者"。在佛教徒危机的处理上,瑙尔汀总是迁就吴庭艳,在危机期间对美联社公开表态说,"非常坦诚地讲,我本人已经在这里待了几乎两年半时间,从未见过任何宗教迫害。事实上,我感觉到越南各层民众之间的宗教宽容是很大的"。②而且,他也完全认同吴庭艳所谓的越共阴谋论。在他休假的前一天,他致函国务卿腊斯克说:"佛教徒抗议者躲在'宗教面具'的背后策划着'狭隘的政治阴谋'。而这与越共的头号目标即推翻吴庭艳政府、制造南越政治混乱是正好一致的。他们当中许多人仅仅是来到寺庙,剃掉头发,穿上僧袍,摇身变为和尚。"③尽管他没有确凿的证据,但始终毫不怀疑地斥责僧侣的抗议行动就是越共策

---

① 托马斯·鲍尔斯:《守口如瓶的人——理查德·赫尔姆斯和美国中央情报局》,第163页。
② Howard Jones, *Death of a Generation War*, p. 291.
③ Ibid., p.255.

划的阴谋。5月23日,佛教徒抗议正当鼎沸之际,瑙尔汀前往爱琴海休假,之后又接连发生数起佛教徒自焚事件。肯尼迪政府无论是否决定替换吴庭艳,至少已对西贡大使馆处理事务的能力失去了耐心。瑙尔汀甚至拒绝和南越军方共同讨论政变的可能性。① "到1963年7月,问题变成了不是有无政变,而是它即将出现和由谁来点火。"② 显然,瑙尔汀在西贡的言行已经和华盛顿的主流声音,和总统的意图背道而驰,实际上从4月末以来,任命洛奇就在肯尼迪的考虑当中。③ 适逢瑙尔汀休假,肯尼迪决定借机换掉他。一开始,政府中的自由派感到不安,担心洛奇出身名门望族,可能会偏袒南越的贵族。不过,事实很快证明,这种担心不仅多余,且极其错误,正是洛奇在推翻吴庭艳的问题上起到了关键的作用,用西贡站卢西恩·科奈恩的话来说,"在政变前夕和政变期间,

---

① Seth Jacobs, *Cold War Mandarin*, p.142.
② U.S. Declassified Documents Online, tinyurl. galegroup.com/tinyurl/4CAkh7., accessed 7 Jan. 2017, "The Anti-Diem Coup", p.2.
③ Ibid., p.7.

我就是洛奇的眼睛和耳朵,洛奇是场中的大脑"。①

8月21日,吴庭儒控制的南越特种部队对西贡、顺化等地寺院发动全面袭击,远在檀香山的洛奇立即赶往西贡。他没有在第一时间拜访吴庭艳,而是在三天之内和华盛顿结成了瑙尔汀所说的"哈里曼—洛奇轴心",②(绝大多数政变指令都源自哈里曼办公室)开始酝酿倒吴。他发回国务院的第一份工作报告称,政变领袖还未出现,到目前为止将领们仍听从吴庭艳,也没

图5-5 罗杰·希尔斯曼,约翰·肯尼迪政府主管东南亚事务顾问之一。(《美国新闻和世界报道》收藏,国会图书馆)
图片来源:《一代人的死亡:暗杀吴庭艳和肯尼迪如何延长了越战》。

---

① U.S. Declassified Documents Online, tinyurl. galegroup.com/tinyurl/4CAkh7., accessed 7 Jan. 2017, "The Anti-Diem Coup", p.5.
② 1963-1965: CIA Judgments on President Johnson's Decision to "Go Big in Vietnam", p.5.

有足够的情报来估计力量平衡。因此,任何行动都是白费力气,他建议推迟任何有关政变的决策。① 而华盛顿给洛奇的回电被称为"越南战争独具争议的电文",② 即所谓"希尔斯曼电报"。这份标注为急电(Operational Immediate)的国务院第 243 号电报,由时任远东事务助理国务卿的希尔斯曼发出,主要内容是美国准备接受一个没有吴庭儒的吴庭艳政权,但电文又称:"如果你竭尽全力,吴庭艳仍顽固不化,那么我们不得不面对吴庭艳本人也不能维持下去的可能性。"③ 因当时是周末,大部分高层官员都不在华盛顿,该电报草稿并没有得到充分讨论。若于风平浪静之时,这也算不得大事,就是因为处在一个敏感的关口,这一事件才显得不同寻常。关于电文,希尔斯曼声称,他知会过总统及其他主要官员并得到认可后才发出,但这一说法遭到一片质疑。中情局代理局

---

① Seth Jacobs, *Cold War Mandarin*, pp.160 – 161.
② Ibid., p.161.
③ "The Anti-Diem Coup", p.8.

长马歇尔·卡特(Marshall Carter)曾指责希尔斯曼的说法"全是捏造",中情局也没有任何官员参与协商,①唯一一个被告知的高层是负责计划事务的副局长赫尔姆斯。至于华盛顿其他高层中一贯反对倒吴的只有麦科恩,参联会主席泰勒和副总统约翰逊则持保留态度。虽然肯尼迪本人"对国务院那天下午做出的决定速度极度震惊",在电文发出后的一系列白宫会议上,肯尼迪政府反复权衡政变的利弊,但这些并不能表明电报事件是诡异的,也不能由此说明肯尼迪如某些研究所说的"根本不知道自己在干什么"。他从头至尾最惧怕的就是失败,这是从猪湾事件中取得的教训。在1963年政变发生的前两天,他还跟洛奇说,他要保留最后一刻改变主意的权力,"经验告诉我,失败要比看起来举棋不定更为有害"。② 至于犹疑、摇摆是再正常不过的反应,是决策过程的需要,重要

---

① 1963-1965:CIA Judgments on President Johnson's Decision to "Go Big in Vietnam", p.7.
② 托马斯·鲍尔斯:《守口如瓶的人——理查德·赫尔姆斯和美国中央情报局》,第155页脚注1。

的是结果。事实上,电文从未被撤销或做出实质性修改。肯尼迪反复批评的是电报传送出去的方式,对谋划政变的紧迫性反应却是极温和的。在中情局远东司司长科尔比看来,"根本就是放任其发展",而其助手弗雷斯特尔直言不讳地表示,"肯尼迪自始至终都是核心操盘手,暗中支持那些推动政变的人"。①

国务院243号电报同样使洛奇震惊——行政当局动作如此迅速——但他不仅认同,而且他在回电中迫不及待地表示,吴庭艳按照美国要求行事的概率几近零,给他下一份通牒毫无意义,不但不奏效,反倒使他更顽固,建议直接告诉南越将军们,美国准备接受一个没有吴庭儒的吴庭艳政权,但是否保留吴庭艳取决于他们自己。②洛奇做这种反应,可能是因为希尔斯曼电文中还有这样一段话,"你要理解我们不可能从华盛顿给予你如何进行

---

① 1963-1965:CIA Judgments on President Johnson's Decision To"Go Big in Vietnam", p.6.
② Seth Jacobs, *Cold War Mandarin*, p.162.

行动的详尽指示,但是你要知道我会支持你采取的达到我们目的的任何行动。不用说,我们这封电报仅局限于关键的几个人知道"。① 正如科尔比在尚未见到文本内容时就预料的那样,执行国务院电文全凭洛奇的判断。② 这并不是洛奇收到的第一份电报,早在一个月前的7月23日,哈里曼和希尔斯曼就告诉他,他们相信佛教徒抗议很可能愈演愈烈,佛教徒也将越来越倾向推翻吴庭艳。因此,要从其他主要的策划推翻政权的力量尤其是武装力量中吸引更多的支持,"我们判断,政变的胜算如果不是数周之内,也会在未来几个月出现",建议行动采取两个步骤:借助公开声明华府与南越政府处理佛教徒问题无关而竭力影响事态发展,这么做可能的结果就是鼓励甚或诱发一场政变,再进一步寻找并直接鼓励某些军队将领在副总统领导下谋求宪法上的解决。他们的结论是,"我们很接近那个点,即我们希望拼尽所有的

---

① "The Anti-Diem Coup", p.8.

② Thomas L. Ahern Jr., *CIA and the House of Ngo*, p.173.

影响力或支持吴庭艳,或支持可替代的角色或者说支持政变。在这样的时刻,尽管替换吴庭艳的力量似乎已经形成,但仍未确定他们是谁,他们是干什么的"。① 洛奇认定只有军队是替代吴庭艳的唯一选择,文官机制强烈的个人色彩被清除得如此彻底,以至于任何解决危机的非军事选择都是不现实的。②

洛奇到达西贡的同时,反吴集团正在寻求美国对政变的支持,他们表示至少要搞掉吴庭儒,只要美国坚定地反对他,军方就将发动政变。③ 反吴集团出于试探还是就只针对吴庭儒不得而知,但洛奇甚至希望走得更远,结果便是对"希尔斯曼电报"的修改。虽然这一建议得到了批准,但于8月的最后几天,政变集团对美国感到失望,尤其担心中情局西贡站站长理查森将消息泄露出去,他和吴庭儒仍保持着密友关系。后者的私人警察部队,即

---

① "The Anti-Diem Coup", p.7.
② Seth Jacobs, *Cold War Mandarin*, p.158.
③ 时殷弘:《美国在越南的干涉和战争》,第138页。

南越特种部队是理查森一手帮助组织训练并给予资助的。理查森对吴庭儒的观感与众不同,美国记者中盛传儒是瘾君子,但是中情局多年来并没有发现他的行为表现有什么异常,吸毒之说无从谈起。所谓吴庭儒控制了吴庭艳的说法,理查森认为更是无稽之谈,"我毫不怀疑,这位总统作为个人和国家领导者一直主宰一切"。① 回到华盛顿的科尔比坚信吴氏兄弟"绝非旁人可以替代",亲自致电吴庭儒,准备在美国为吴庭艳政权摇旗呐喊。理查森反应迅速,立即在《外交事务》上撰文吹捧吴氏兄弟,他声称这足以回答那些想知道战争是否可以打赢的人,那些质疑吴庭艳是否可以用可接受的社会政治经济方案辅助军事手段的人,那些疑惑吴是否赢得了人民的人,他就是要纠正一种印象:吴庭艳政权仅仅是个右翼极权主义政府。文章最后说,"我们得离吴庭儒被当作一个健谈的知识分子或邪恶之徒的形象远一点,我以为这都

---

① Thomas L. Ahern Jr.,*CIA and the House of Ngo*,p.160.

是很不公平的名声"。① 对8月21日袭击事件,理查森也相信和吴庭儒无关,他"的确不是一个重要的参与人",②并对《纽约时报》的哈尔伯斯坦表示,他推测"吴庭儒并没有像人们想象的那样在寺庙袭击事件中起多大作用"。③现在,新大使到任,洛奇绝对不会容忍这种状态再继续下去。

8月26日,洛奇召开第一次驻在国小组成员会议。理查森接到科尔比指示,要在会上讨论跟南越军方的联络问题,而华府已经把这个问题交由洛奇决定。为了掩盖美国的插手,洛奇"决定利用中情局官员作为传递消息的中间人"。理查森对此持保留意见,一方面担心西贡站的人一旦露面会遭到报复,另一方面,根本的原因是,他怀疑整件事是否明智。就是在这次会议上,洛奇指定艾尔·斯佩拉(Al Sepra)和科奈恩担任联络员,之前他们

---

① Thomas L. Ahern Jr., *CIA and the House of Ngo*, p.161.
② Ibid., p.172.
③ Ibid., p.176.

就已经和南越将领有过接触。会议还讨论了华盛顿的新指示,浓缩为九点,核心条款是清除吴庭儒夫妇,否认美国有参与政变的打算,承诺在中央政府"崩塌期间给予将领们直接支持"。① 8月27日,理查森经秘密渠道告知中情局局长麦科恩,"这里的局势已经没有转圜的余地,现在的西贡就是个火药库"。②

在西贡坚决不赞成驱赶吴庭艳的还有美国援越军事司令部司令哈金斯,他认为,既然并不能保证新政府一定能比吴庭艳做得更好,那只须赶走吴庭儒而无须让吴庭艳下台。洛奇以为这根本是白费力气,"我们开启了一条无法体面回头的路:那就是推翻吴庭艳政府","美国不能有丝毫犹豫",因为南越将军们对美国的意图已经没有把握,如果他们感到华盛顿打算退回去的话,他们会心灰意冷。③ 华盛顿已经分成两派,争论激烈,西贡两个主要官

---

① Thomas L. Ahern Jr., *CIA and the House of Ngo*, p.175.
② Ibid., p.179.
③ *FRUS*, 1961-1963, Vol. Ⅳ, Washington, D.C.: GPO, pp.21-22.

员的意见也大相径庭,华盛顿和西贡之间形成一种来回、交叉影响的复杂局面。8月28日,泰勒致电哈金斯,国务院8月24日电文的准备未经军方参与,当局"现正重新考虑"。① 理查森见过这封电报,在他看来,既然华盛顿态度可能有所变化,他便指示斯佩拉和科奈恩切勿向政变阴谋集团做任何承诺。② 洛奇得知后,"气急败坏地指责理查森'破坏'了一切促成政变的机会,他提醒理查森,他是为大使而且只为大使工作"。③ 尽管洛奇当天再设法向政变阴谋集团传递美国的态度,甚至哈金斯奉肯尼迪之命在8月30日亲自约见陈善谦表示支持,④但政变集团还是取消了计划。对美国的怀疑只是他们放弃的原因之一,此外还有更重要的原因。西贡所在的第三军区态度不明,它对政变取得成功具有至关重要意义,最重要的是吴庭儒事前觉察了这一企图。然而,在洛奇看来,

---

① *FRUS*,1961-1963,Vol. Ⅳ,Washington,D.C.:GPO,pp.12-14.
② Thomas L. Ahern Jr.,*CIA and the House of Ngo*,p.179.
③ Ibid.,p.180.
④ Ibid.,p.182.

中情局西贡站阻挠了一次政变。① 而理查森似乎没有意识到事情的严重性,在给总部的报告中,他表示"希望总部不要将他的想法理解为'西贡站态度消极'"。② 随后发生的一件事使洛奇决心"教训"一下理查森。

9月2日,吴庭儒控制的英文版《越南时报》登载大字标题,"中情局资助拟议的政变阴谋",但于当天和洛奇的会谈中,吴庭儒对此只字不提,反倒心平气和地告诉他,佛教徒会立刻得到安抚,而只要"某些美国代理人"一走开,自己也会离开政府。吴庭儒还声称,就在这一天,出于"对美国人的忠诚",他拒绝了作为国际监控委员会成员国的波兰代表所提出的担任自己和北越总理范文同之间中间人的安排。③ 洛奇根本不为所动,派理查森去告诉吴庭儒,他的承诺并不符合美国的需要。理查森阳奉阴违,虽造访了南越总统府,但只字不提美国的要求,

---

① Thomas L. Ahern Jr., *CIA and the House of Ngo*, p.187.
② Ibid., p.181.
③ Ibid., p.186.

反一味倾听吴庭儒的意见,所写的报告全都是倒向他的。这位站长当然也察觉到吴庭儒有可能是苦肉计,不但不以为忤,且认为掩饰乃至伪装"在权力和政治中并非不正常"。① 面对一个如此"不听指挥"的下属,喜好用权的洛奇难以容忍,必须要扳倒这块绊脚石。

9月6日,科奈恩在家中设宴招待记者,借这个机会,洛奇的助手当众宣布,理查森很快就会被取代,要离开的还有哈金斯和另外一两个人。② 这无疑是试图打消政变集团的疑虑。9月13日,洛奇正式致函腊斯克,代为敦促总统同意批准派兰斯代尔前来"在我领导下,负责美国和此地政府的所有关系",兰斯代尔还需要一个助手取代理查森担任站长。③ 9月17日华盛顿,国家安全委员会行政会议上形成一致意见,"洛奇要求委任新站长一事应当得到尊重",麦科恩无力改变这个局面,但他坚决

---

① Thomas L. Ahern Jr., *CIA and the House of Ngo*, p.187.
② Ibid., p.188.
③ Ibid., p.188.

不同意派兰斯代尔前往西贡,"不仅是因为中情局以往和他打交道并不愉快,更是由于他和吴庭艳关系甚密,派他去只会损害美国的利益,除非目标是利用兰斯代尔这个'朝中密友'谋求和吴庭艳、吴庭儒的和解"。①

洛奇的建议受到拦阻,他恼火之极,为让麦科恩难堪,他禁止理查森同吴庭儒见面,理由是怀疑理查森执行政策不力。② 跟洛奇同样极端自信的麦科恩针锋相对,他告诉国家安全事务助理麦克乔治·邦迪(McGeorge Bundy),打算彻底重建西贡站以维持它的独立,如此就可以和吴氏兄弟保持谨慎的接触。邦迪看出这是针对洛奇的,他不无警告地说,大使有权决定包括西贡站在内的使团成员见谁和不见谁。③ 麦科恩随即准备派科尔比赴西贡广泛会见越南人士,以便确定是否需要将政变视为唯一的选择,但是洛奇已中止西贡站和吴庭儒的接触,断

---

① Thomas L. Ahern Jr., *CIA and the House of Ngo*, p.188.
② Ibid.
③ Ibid.

然否决了这个提议。至于理查森,即使麦科恩并不想撤换他,但在中情局在越南的活动被美国媒体穷追猛打的情况下,也只好换人。9月16日,理查森在给总部的报告中暗示,消息是从站内泄露出去的,自己难辞其咎。三天后,麦科恩不无试探地致信洛奇,重申自己反对兰斯代尔赴越,但同意替换理查森。恰在此时,《华盛顿每日要闻》抛出一篇文章,使得这位站长很难在西贡待下去了。文章对中情局极尽指责,声称"一位傲慢的中情局人员"藐视洛奇,提供有关情况的是一个"将其大半生奉献给了民主事业的……美国驻当地的高级官员"。① 麦科恩立即致电洛奇,表示这些指责根本就是捕风捉影。② 理查森和洛奇也爆发了严重的争执,后者直言要对方卷铺盖走人。③ 10月5日,理查森被以"召回进行协商"为名调离西贡,代理站长已在赴任途中。理查森的去职在麦科

---

① Thomas L. Ahern Jr., *CIA and the House of Ngo*, p.194.
② Ibid.
③ Ibid.

恩看来是一场"围剿中情局和西贡站的战斗"。①

洛奇对理查森的强烈批评见诸报端时,麦科恩从《纽约时报》的詹姆斯·莱斯顿(James Reston)处获悉,媒体攻击中情局"显然是经过精心策划的……很可能是跟哈里曼达成交易",因为理查森保守的立场"让冲在前面的人痛恨至极"。② 自8月24日"希尔斯曼电报"发出以来,麦科恩反复质疑"希尔斯曼—哈里曼—洛奇"行动背后的种种设想,不断强调如采取这一行动美国将深陷越南政治中,因为"一次政变只会催生一系列的政变,继续保持我们目前在西贡的所有比我们把赌注放在新的、不确定的和分裂的政变上要好得多"。③ 他不仅坚决反对剪除吴庭艳,而且使国务卿腊斯克发生了动摇,以致后者认为"在没有出现明显合适的继任者时应当逐步前行"。④ 除

---

① 1963-1965:CIA Judgments on President Johnson's Decision to "Go Big in Vietnam", p.8.
② Ibid., pp. 8-9.
③ Thomas L. Ahern Jr., *CIA and the House of Ngo*, p.8.
④ Ibid.

此以外,麦科恩还相信,"政策问题应当由总统加上他的左右手,也就是国务卿和中央情报局局长组成的三驾马车来拍板定案",他说,"我的任务不是制定政策,但是只要问到我,我总是要说话的"。① 的确,关于政变他说得不少,而且往往十分激烈,特别是政变阴谋复起以后更是如此。10月5日,他对肯尼迪说,"如果我是垒球队队长,一个投手无论他是否优秀,我都会把他留在队伍里"。10月10日,他向参院外委会表示,"我们没有看到一个可以确定地说胜过吴庭艳的继任政府,因此必须谨慎,否则内战的局面一旦点燃,只会让共产党坐收渔翁之利"。10月16日,在白宫特别集体会议上,他又告诉众人,越南"一场爆炸"在即,务必悬崖勒马。用那天会议的记录人国务院远东事务局特别助理约瑟夫·纽博特(Joseph Neubert)的话来说,中央情报局局长的立场已经和政策格格不入。② 10

---

① 托马斯·鲍尔斯:《守口如瓶的人——理查德·赫尔姆斯和美国中央情报局》,第232页。
② 1963-1965:CIA Judgments on President Johnson's Decision to "Go Big in Vietnam", p.8.

月17日的特别小组会议上,麦科恩把美国自8月以来关于南越政治生态的政策形容为建立在"完全缺乏事实根据"基础之上,因而"极度危险",也因而很有可能就此书写"美国的绝对灾难"。10月21日,麦科恩私下里对肯尼迪重申了上述担心,当肯尼迪问及他为何游走在政策之外,麦科恩的回答是:美国应当和吴庭艳、吴庭儒合作而不是采取激进措施取代他们,华盛顿正在用非专业的态度处理一个脆弱的局面,西贡持不同政见的将领无法提供强有力的领导,他们的政变将仅仅是接踵而来的政变中的第一个。麦科恩最后一次批评行政当局是政变发生的两天前。10月30日午餐会上,他和哈里曼的对话充满了火药味。麦科恩表示,难以理解为什么8月24日的电报如此急急发出,为什么不征求中情局的看法。哈里曼拒绝承担一切责任,声称他被告知已经和中情局进行过沟通。麦科恩立即反驳说,"我要纠正这个印象"。①他在洛奇要求调回理查森的问题上做了妥协,却始终反

---

① 上述谈话均参见 1963—1965:CIA Judgments on President Johnson's Decision to "Go Big in Vietnam", pp.8 - 9.

对把吴庭艳赶下台,而且反对暗杀计划。在理查森被召回的同一天,政变阴谋集团首脑杨文明向科奈恩阐述了清除吴庭艳家族的三种方案,其中之一是他们称为"最简单"的暗杀行动:除掉吴庭儒和吴庭瑾,并不赶走吴庭艳。① 后者闻之未做表态。西贡站代理站长戴维·史密斯(David Smith)向洛奇建议"我们不应该让自己不留余地的反对这场暗杀阴谋,因为另外两个方案要么意味着西贡发生屠杀,要么是一场撕碎国家、军队的久拖不决的较量"。② 麦科恩闻之,立即让科尔比以自己的名义电告西贡站,撤回向洛奇提出的支持这一计划的意见,因为"我们不可能积极纵容暗杀又无须担起对此的责任"。③ 麦科恩 10 月 5 日告诉肯尼迪的那番话即是因此而起。

毋庸置疑,肯尼迪显得心烦意乱,特别是当看到门登霍尔和克鲁拉克同时赴越调查,却呈上两份内容截然相反的报告后更加"对南越真实情况心中无数"。很难说不

---

① Thomas L. Ahern Jr., *CIA and the House of Ngo*, p.192.
② Ibid., p.195.
③ Ibid., p.196.

图 5-6 约翰·肯尼迪(右)和中央情报局局长约翰·麦科恩(中),1961 年 11 月 29 日。(约翰·肯尼迪图书馆)
图片来源:《一代人的死亡:暗杀吴庭艳和肯尼迪如何延长了越战》。

是出于这个原因,"喜欢把自己的见解保密,不爱征求他人意见"①的洛奇反倒较能在总统犹豫之际坚定其决心,相比反对政变的哈金斯和理查森,洛奇的观点往往在华盛顿占上风。理查森最终被调离西贡也是因为洛奇关于

---

① 马克斯韦尔·泰勒:《剑与犁——泰勒回忆录》下卷,第 392 页。

"中情局不听指挥"的报告得到了肯尼迪的重视。1963年9月最后一周,麦克纳马拉—泰勒调查团赴西贡,10月2日返回。尽管他们的正式报告没有提到"大使馆内部不团结一致"的问题,但是他们认为,"大使馆内部不团结的问题性质严重,需要促使全体美国驻越官方人员同心协力,支持政府对越问题的立场"。三天后,理查森即被召回。① 希尔斯曼承认,洛奇调走理查森"非常重要",以示对吴庭艳政权的不满,"这可能是我们做的最重要的一件事";特鲁哈特认为,理查森的离开对政变的发生是一个重大的刺激。② 洛奇对这个安排非常满意,从他10月22日给麦克乔治·邦迪的电报中即能感觉到,他说:"中情局一丝不苟执行我的指示,我亲自批准陈文敦和科奈恩之间的每次会晤,科奈恩在每一个场合下都清楚、明确执行我的指令。"③洛奇有雄厚的权势基础,遇事果断,且极端自信,《五角大楼文件》这样评价道:"幸运的是,我

---

① 马克斯韦尔·泰勒:《剑与犁——泰勒回忆录》下卷,第392、393页。
② Howard Jones, *Death of a Generation*, p. 420, p.422.
③ "The Anti-Diem Coup", p.13.

们拥有一位不但支持这项政策,而且能促使它成功的大使。"①有研究似认为,政变是在美国准备不充分的时刻发生的,②这如果不是对档案的误读,便是对洛奇作为华府驻西贡最高负责人掌控政变这个基本事实没搞清楚。"始终都惟总统之命是从"③的中情局作为反对力量与洛奇之间的严重对立足以表明,肯尼迪主政的白宫乐意看到吴庭艳垮台,正如中情局所言,"白宫做出了允许政变发生,继之又在越南大打出手的决策,丝毫未考虑过中情局完善或调整政策所做的努力"。④

吴庭艳垮台后,西贡三度政变,政局混乱,佛教徒抗

---

① The Pentagon Papers, Vol.2, Chapter 4, "The Overthrow of Ngo Dinh Diem, May – November, 1963", p.257.
② 李连广:《论南越吴庭艳政权的倒台及其对美国冷战政策的影响》,《武汉大学学报(人文科学版)》,第64卷第5期,第127页。李连广文称"但当洛奇把此消息传回华盛顿,美国还没来得及做出回应的时候,政变已经开始了"。
③ 托马斯·鲍尔斯:《守口如瓶的人——理查德·赫尔姆斯和美国中央情报局》,第262页。
④ 1963–1965: CIA Judgments on President Johnson's Decision To "Go Big in Vietnam", p.1.

议并未偃旗息鼓。美国所谓社会经济改革和"建国"的设想化为泡影,唯有武力一途,终而陷入所谓战争"悲剧"。从这个层面上看,中情局的反对立场绝不是完全没有意义。当然,尽管它可能要比赞成换马的一派显得略微谨慎和高明,但是美国统治集团内部的分歧并未触及美国侵略越南的根本方针。相反,无论是赞成派还是反对派,都没有人主张从南越后退。他们的区别只是维护美国侵越战争利益的方法之争。他们谁也没有也不可能看到美国越南政策设计在逻辑上存在一个根本缺陷,即美国试图在一个不符合越南社会政治发展规律的土壤上嫁接出一个符合美国利益的政权,这个缺陷得不到纠正,"悲剧"自然不可避免。

VI

第六章

末日来临

第一节　孤掌难鸣

不得不承认,吴庭艳的独裁统治人心尽失,南越广泛的反吴群众运动使得那些一直以来试图掀翻他的势力蠢蠢欲动,"到 1963 年 7 月,问题变成了不是有无政变,而是它即将出现和由谁来点火"。有许多团体在策划,第一支力量以被视为勤劳党三号人物的陈金宣为首,虽然他仍负责勤劳党政策和社会研究部,但已经不能继续操纵该特务系统。1963 年春天,吴庭艳又新建一个名为中央情报办公室的机构,从政策和社会研究部招募人员,这等于将其拆分,将陈架空。不久,吴庭艳将陈金宣外放,使其彻底远离权力中心。陈对吴氏兄弟由此怨恨至深。第二支是范玉涛(Pham Ngoc Thao)领导的。此人是前越盟情报人员,1955 年叛逃,一直到 20 世纪 60 年代初他似乎深得吴庭艳信任,受到重用。很多人觉得他是假投诚,实则为共产党暗探,也有人认为他就是权欲熏心。直到今天,他的真实身份还不确定。第三支全部由高级将领组成。理论上讲,由旗帜人物领导的政变最易得手,但到此时,多支力量中核心人物尚未可知,正如洛奇一到西贡就报告华盛顿的那样,政变领袖还未出现,仍有将领忠于吴庭艳。在中情局所列的19人名单里,有3人是最有可能的首领人选,分别是总统军事顾问和前陆军总司令杨文明、武装部队参谋长陈文敦和副参谋长黎文金,他们曾经被视为支持吴庭艳的"铜墙铁壁"。1955年消灭平川帮的战斗中,三人把赌注下在吴庭艳一边,在那之后,三人全部被提升。然而,他们都对自己在吴庭艳手下的遭遇渐感不快。

黎文金被认为是南越军队中最有才华的战术家,也是三人中第一个出局的。1957年,吴庭艳在中部遇刺,认为是黎文金疏于防范所致。吴庭艳不久之后将黎提升为准将,但其实是准备打发他去军事院校当校长。1960年政变时,黎文金不在西贡,尽管他声称自己完全不知情,但还是关押了数周才被释放。杨文明是军界里资格

图6-1 上图,南越将军陈文敦,推翻吴庭艳政变的主要领导人之一,1963年7月。

下图,南越将军杨文明,1963年7月,这时距离他下令暗杀吴庭艳和吴庭儒不到四个月。(美联社/环球网照片)

图片来源:《一代人的死亡:暗杀吴庭艳和肯尼迪如何延长了越战》。

第六章 末日来临

最老的,也被认为是最忠于吴庭艳的人之一。1957年从美国结束培训回来后,担任作战司令部司令,看起来好像他掌握全部陆军野战部队的指挥权,但事实上并无多少实权。1961年10月,泰勒调查团一到西贡,最早拜访的军方人物便是杨文明,而后者同泰勒等略事寒暄后,"马上开始倾诉他对吴庭艳的愤懑情绪"。陈文敦从1957年到1962年长期担任驻扎在中部越南的第一军区司令,在吴庭艳时期,还没有哪一个人能在作战指挥位置上待这么长时间,但这不代表吴庭艳就信任他。实际上,从一开始,吴庭艳就不信任曾是阮文馨助手的陈文敦,陈则相信吴庭艳有意推迟了他的晋升。三人中,黎和杨的工作性质差不多,两人经常去陈的驻地巡视,他们凑在一起,对吴氏兄弟怨气冲天。而陈对吴庭艳的态度是最隐晦的。1963年8月23日,陈文敦和中情局雇员科奈恩接触就是为了寻求美国支持,但他声称,军队目前没有人可以也无人愿意取代吴庭艳;[1]自己"不够聪明也无野心,只是

---

[1] CIA: Telegram Information Report 0621, Aug. 24, 1963, NSF, Countries-Vietnam, boxes 198-199, JFKL, p.10, p.11.

做着把将领们联系在一起的工作"，①这显然在试探美国人的态度。据陈文敦所说，他们三人是在夏天访问泰国之际，深感"世界舆论对吴庭艳政府的强烈反对"，下定决心"唯有进行政变才能实现变革"。回到西贡后，他们分头招募人手，为防暴露，三人约定不指定领头者。

1962年，南越政府军重组后，分成四大军区。最北部第一军区司令杜高智（Do Cao Tri），第二军区司令阮庆，两人都野心勃勃，他们是政变计划的支持者，但就策划阶段而言他们仍不被完全信任。第四军区司令黄文高（Huynh Van Cao），驻防湄公河，土生土长的顺化人，天主教徒，是最忠于吴庭艳的。第三军区司令孙室庭（Ton That Dinh），他的部队拱卫西贡及其周边地区，政变要有一丝得手的机会，这位卫戍区司令不可或缺，可此人性情反复无常。7月末，陈文敦与孙谈话，感到操控他也不

---

① CIA：Telegram Information Report 0621, Aug. 24, 1963, NSF, Countries-Vietnam, boxes 198-199, JFKL, p.10.

难。三人非常清楚，要确保万无一失拿下吴庭艳，还有一个关键的角色，那就是美国。陈文敦从开始就确信，美国人是知道他们的计划的。

1963年7月4日，西贡大使馆举行庆祝独立日招待会，陈文敦与老朋友科奈恩碰面了。后者是"特殊战争"专家，二战末期为战略情报局在印支工作过，后在越南北方大搞破坏活动。1954年，科奈恩作为兰斯代尔小组成员重返越南，1961年则是他第三次被派遣至此。这些经历使他结识了许多越南中下级军官，陈文敦是其中之一。他恐怕也没有料到自己的特务

图6-2 中央情报局卢西恩·科奈恩，美国与政变方的联络人。（美国陆军）
图片来源：《一代人的死亡：暗杀吴庭艳和肯尼迪如何延长了越战》。

生涯如此富有戏剧性——从先前全力支持吴庭艳到现在赶他下台。两人溜出宴会,来到附近的卡拉弗勒旅馆,这里人来人往,不易被察觉。陈向科奈恩透露了军方剪除吴庭艳的意图,表示很快就将行动起来,试探美国对此会有何反应。消息传到华盛顿,显然未令肯尼迪政府感到意外。早在1962年年底,远东事务助理国务卿希尔斯曼就估计,未来倒吴政变的可能性会大大增加。到1963年夏天,美各情报机构提出的越南形势报告无一不断言,倒吴已势难避免。就在两个月前,罗斯托在给肯尼迪的备忘录中说,吴庭艳今后可能被军方推翻。①

肯尼迪政府不仅乐于接受政变,而且倾向于策动政变,它始终疑虑的只有一个问题:政变能成功吗,胜算的概率多大?华盛顿显然没有足够的信心,仍在怀疑政变者的决心和手段,甚至在最后时刻一度疑虑杨文明集团是不是被用作诱饵,一切都只是西贡设局挖坑,让华盛顿

---

① 时殷弘:《美国在越南的干涉和战争》,第136页。

上当,如此,科奈恩的性命就堪忧了。① 惊恐如此,真是草木皆兵。不过,此刻担心政变能否成功并非多余,因为至少参加者还未可知,科奈恩的联络人并不止陈文敦一个,被西贡站当作关键人物的还有阮庆和联合参谋部总参谋长陈善谦。

1963年8月中下旬,政变进入策划阶段,随着洛奇的到任,阴谋犹如网一般张开。为了掩盖美国的插手,他用了中情局官员而没有用军队的人。现在不能断定的是,科奈恩与陈文敦8月23日的会面是否是洛奇的指示。根据资料,陈文敦向美国人表白,8月21日寺庙袭击并非正规军所为,完全是吴庭儒嫁祸给军队,要求"美国之音"由谴责军方改为谴责吴庭儒。陈文敦还谈到吴庭艳的性格和日常生活,至于他"向科奈恩透露了反吴集团的大致阵容"②的说法则是不确实的。这次谈话陈文

---

① Thomas L. Ahern Jr., *CIA and the House of Ngo*, p.201.
② 时殷弘:《美国在越南的干涉和战争》,第138页。

敦一反 7 月初的态度,以至于西贡站最后收获了这样一种印象:"他似乎感到自己对促使将军们推翻吴庭艳没有足够的影响力,他也没有给出有机会推翻吴庭艳的印象",不过,陈表示至少要搞掉吴庭儒。① 同一天,黎文金明确告诉美国使馆经济援助事务负责人鲁弗斯·菲利普斯(Rufus Phillips),如果美国坚定地反对吴庭儒,军方就将发动政变。② 8 月 26 日,斯佩拉奉洛奇之命飞到波来古(Pleiku)与阮庆见面,科奈恩则同陈善谦建立联系,此人"看来相当容易地就接受了美国方面提出的建议"。③阮庆的反应和陈善谦完全不一样,仅仅一天的时间,他的态度就发生了变化。8 月 25 日,阮庆在西贡已跟斯佩拉接触,军事形势的恶化使包括他在内的将领急于摆脱吴氏另谋出路,当时阮声称吴氏兄弟宁愿和北越达成交易,

---

① CIA:Telegram Information Report 0621,Aug. 24,1963,NSF,Countries-Vietnam,boxes 198 - 199,JFKL,pp.10 - 11,p.12.
② Pentagon Papers,Gravel Edition Vol.2,Chapter 4,"Overthrow of Ngo Dinh Diem,May - November,1963",p.234.
③ 马克斯韦尔·泰勒:《剑与犁——泰勒回忆录》下卷,第 384—385 页。

也不会迫于美国的压力和佛教徒和解,到那时,他和他的朋友们将造反。此刻,他却认为发动政变时机不合适,如果吴庭艳让步,赶走吴庭儒,就没有起事的必要了。他还指出,政变可能失败,必要时美国应保证对领导者及其家属提供庇护和物质支持。① 显然,他和一些人还不打算贸然承担政变的风险,不仅如此,包括他在内的一些将领貌似还未彻底背叛吴庭艳。

陈善谦那边的进展似乎更快,8月27日,在西贡站看来是一个"决定性的转弯"。这天,陈善谦把主要的政变成员阵容向科奈恩和盘托出,被美国认为"最重要的军事人物"杨文明包括在名单里,此外还包括副总统阮玉书,陈善谦没有提到试图让吴庭艳赶走吴庭儒的问题,还保证政变将于一周内启动。② 但是,8月28日,理查森却命令科奈恩和斯佩拉不要向政变集团做任何承诺,如前所述,洛奇气急败坏,训斥了这位站长,政变前夕将他调

---

① Thomas L. Ahern Jr., *CIA and the House of Ngo*, pp.175 - 176.
② Ibid., pp.177 - 178.

离了西贡。而陈善谦等也因此警惕起来,在他的办公室,他拒绝和科奈恩讨论计划的进展情况,反复暗示"美国还在给吴庭儒和他的特种部队、他的勤劳党提供源源不断的支持",科奈恩起初以为自己掉进了对方的陷阱,但"最后认识到将领们的确害怕美国人替吴庭艳来诱骗他们"。① 密谋者们提出美国应停止经济援助作为支持的信号和"迫使吴庭儒就范",以证明美国的意图。② 当然,这是退而求其次的一个要求,他们原本提出的比之要更难满足。

眼看政变计划戛然而止,洛奇于科奈恩和陈善谦会晤后的当天就命科奈恩和斯佩拉两人立即与杨文明和陈善谦再进行接触,越方在场的还有黎文金和裴艳(Bui Diem)。此前,杨文明以他经常受到监视为由避免同美国人接触。会见过程中,政变集团似乎一直很紧张,他们通过黎文金信任的菲利普斯要求得到一个明确答复:科奈恩和斯佩拉代表大使本人,菲利普斯带着来自洛奇的肯

---

① Thomas L. Ahern Jr., *CIA and the House of Ngo*, pp.179-180.
② Ibid., p.180.

定回复返回会谈现场,双方约定第二天由科奈恩会同陈善谦讨论行动事宜。

南越军方三心二意、趑趄不前的同时,洛奇与哈金斯之间的关系日趋恶化。他们两人都是波士顿人,两家原是世交,而现在,他们彼此几乎连话都不讲了。肯尼迪行政当局内部并未就政变达成一致,总统本人决定先让洛奇和哈金斯分别对政变前景作出估计。哈金斯回电华盛顿:政变阴谋者并不占明显的上风,美国没有理由仓促赞成其计划。他们的意见各自被用作决策层的论据,行政当局争论更趋激烈。肯尼迪亲自致电洛奇和哈金斯,再次要求他们提供各自独立的判断。哈金斯主张给吴庭艳一个最后的机会以摆脱吴庭儒。洛奇则回电,以极为坚决的态度要求支持政变,认为哈金斯的办法根本就是徒劳。他说:"我们踏上了一条退回去就会丧失掉我们尊严的路:推翻吴庭艳政府。"①他还要求由总统命令哈金斯

---

① Thomas L. Ahern Jr., *CIA and the House of Ngo*, p.181.

亲自出面向政变集团表示支持,即让他宣布美国停止援助的消息,这样就会打消后者的疑虑。8月29日中午的国家安全委员会会议讨论了洛奇的意见,肯尼迪在保留随时撤回给予洛奇的权力的前提下批准了他的上述两个请求。

8月30日,得到尚方宝剑的洛奇召集西贡站和哈金斯协调下一步行动。洛奇以为,只要哈金斯直接卷进策划中来,美国"就完全没有回旋余地了"。至于理查森认为现在的军方未必全力以赴组织政变的意见更被洛奇抛在一边,后者感到只需点火加温,政变唾手可得。然而,先是陈善谦借口避而不见。接着,哈金斯主动要求与陈善谦会面,一样吃闭门羹。傲慢的洛奇自然心中不快,他高估了阴谋集团的同时,也低估了吴庭儒。

吴庭艳的独裁专制固然使一些军队的领导人深感不满,但后者也绝不是道义的化身,他们对吴庭艳的怨恨多出于个人名利欲,反吴的态度有差异,相互间缺乏信任。阮庆对西贡站没经过自己就跟陈善谦联系显得心烦意乱,陈善谦则警告科奈恩说,不能让陈文敦了解情况,理由是吴庭儒的人已渗入陈文敦的参谋部。8月政变中止后,陈文敦对科奈恩表示陈善谦和阮庆就不是一伙的,陈为人轻浮,阮是两面派,极具欺骗性。计划每深入一步,科奈恩总能惊讶地发现,"每个人对彼此所做之事都不知情"。① 显然,哈金斯和理查森反对仓促行事,甚至反对取代吴庭艳不是没有理由的,比之各唱各调,政变阴谋者更缺乏足够的能力就吴庭艳之后的局面做出安排。斯佩拉8月25日在西贡问阮庆,"将领们是否已就吴庭艳之后的政治安排形成一些想法",后者取悦似的说,他们"唯一关心的就是阻止越共获胜,政治是美国要关心的事"。几天后,杨文明和陈善谦对美国方面表达了同样的态度。② 美国曾为吴庭艳炮制所谓南越宪法提供橡皮图章,现在,政变阴谋者仰美国之鼻息,成了美国在南方战争中的橡皮图章。

---

① Thomas L. Ahern Jr., *CIA and the House of Ngo*, p.189.
② Ibid., p.175, p.180.

对西贡的政变传闻，吴庭儒还是有所察觉的。8月30日晚，他召集高级将领在联合参谋部司令部开会，席间的言谈被认为"是对对手的无知"，他公开抨击美国，宣称"中情局想方设法挖政府墙角"，指责说某些美国官员给美国媒体提供诋毁西贡的材料，但同时又对洛奇表示赞赏，说"我们和他相处得不错"。① 吴庭儒显然是在警告将领们而故意做出这个姿态，后者顿成惊弓之鸟，无法不怀疑美国对政变究竟持什么态度。此时，美国无论给出何种支持，还是没能如杨文明集团所希望的那样，即华盛顿承诺与吴庭艳公开摊牌，在"美国之音"上广播他们拟好的文本以示美国的诚意。② 华盛顿不可能答应这样的要求，政变集团于是转而要求美国停止对南越政府的经济援助。然而，当肯尼迪授权洛奇择时宣布美国中止对吴政权的援助之际，政变集团后退了。8月31日上午，陈善谦干脆向哈金斯表示，将领们"感到准备不足"，

---

① Thomas L. Ahern Jr., *CIA and the House of Ngo*, p.182.
② Ibid., p.178.

本就持反对意见的哈金斯在这种氛围下决定不同对方确认支持政变的态度。政变阴谋搁浅,气急败坏的洛奇报告华盛顿说,南越将军们既无意志也无组织来成就任何事情。①

第二节　阴谋交织

8月政变阴谋中止,吴庭儒表面上震慑了军队,暂时控制住了局面,但政府和军队的裂痕已经越来越大,吴庭儒更不会就此罢休,决定尽快清洗掉军队中的可疑分子。而事实上,8月21日吴庭儒策划寺庙袭击事件就与此有关。

有研究对这一事件给出了一种有别于一贯解释的猜

---

① Pentagon Papers, Gravel Edition Vol.2, Chapter 4, "Overthrow of Ngo Dinh Diem, May – November, 1963", p.242.

想:陈文敦伙同一些将军们计划和实施了袭击,并控制了政府。① 另有学者提出了一些疑点:将军们为什么要催促实施戒严?吴庭儒又是如何嫁祸给军队的?② 不管事实真相如何,军方不像他们说的那么无辜,而是"颇有牵连"。按照他们向吴庭艳建议的那样,下令戒严有两个目的,一则结束佛教徒抗议,二则提振部队士气。然而,他们还有一个隐藏的动机,即借此获得凌驾于文职官员之上的权力,陈文敦在袭击发生之后说过:"总统必须撤换掉一些部长。"③正如米勒所言,实施戒严只是军方攫取权力的一个途径,朝最终推翻吴庭艳预先迈出一步。④ 然而遗憾的是,吴庭儒识破了他们的用心,将计就计,他要编一张更大的网等他们钻,于是把发动袭击的时机调整到和戒严令同时,使之看上去像是军方设计了一切。

---

① Edward Miller, *Misalliance*, p.287.
② Ibid., p.288.
③ *FRUS*, 1961-1963, Vol. Ⅲ, Washington, D.C.: GPO, p.617.
④ Edward Miller, *Misalliance*, p.288.

在袭击开始前几小时,第三军区司令孙室庭又多了一个头衔:代理西贡军省长。这使得孙成为名义上指挥对舍利寺和西贡其他寺庙发动袭击的负责人,也正是这个让孙背黑锅的举动最终把他推向了政变集团一边。在顺化,军队直接参与了寺庙袭击。第一军区司令杜高智接到从嘉隆宫发出的指令——正常情况下,命令应该是总参谋部下达给军队——杜即使有顾虑,也没有声张,而是按计划占领土丹寺,逮捕僧人和其他抗议者。据一位美国官员说,杜对军队造成的破坏没有表现出悔意。杜还向吴庭艳秘密报告称,行动非常成功,仅有的损失就是抗议者朝他的人扔石块。不明就里的孙室庭也向吴庭艳报告了袭击事件,他说袭击是特种部队和警察在保安队的协助下执行的,正规军只是确保通信设施和西贡其他关键设施的安全。这样两个矛盾的说法得以让吴庭儒混淆视听,把全部责任推到高级将领身上。他满以为这件事产生争议,会为他清洗军队扫清障碍,却不曾料到使华盛顿"换马"的态度又进了一步。尤其是新大使洛奇一到任就同坚持"吴庭艳必须滚蛋"的人站到了一起,反对给吴庭艳所谓最后一次机会,但令洛奇沮丧的是,政变行动还是中止了。无论对哪一方而言,这都是一个危机四伏的时刻,空气中充满阴谋的味道,用中情局的话说,"一个中情局主管的助手和大约50名擅长破坏和暗杀的专家已经在西贡活动三个多月了"。① 政变计划取消的当天,黎文金告诉菲利普斯他仍然期待终能推翻吴庭艳,吴庭儒的伎俩决不能困扰他们,②他们缺乏的不是意志,而是手段,他抱怨美国这么多年来养虎为患,要求他们仅在几天之内采取有效行动难于登天。③

此时,摆在白宫行政当局面前的有三种方案。第一种,接受吴氏兄弟统治南越的现状,因为肯尼迪的大多数高级幕僚对此都表示赞成。得到政变中止的消息后,腊斯克主持召开国家安全委员会会议,这位原先支持倒吴

---

① Thomas L. Ahern Jr., *CIA and the House of Ngo*, p.191.
② Ibid, p.294.
③ Howard Jones, Death of a Generation, pp.346-347.

的国务卿现在完全转变立场,站到了泰勒、麦克纳马拉和哈金斯等人一边,他说,政变希望既已破灭,他不再主张搞掉吴庭儒,因为那是不现实的。副总统约翰逊和中情局局长麦考恩从来就没有主张替换吴庭艳,两人均认为没有人可以真正替代他。这些人赞同回过头来同吴庭艳政权直接对话,虽然他"并没有多少改弦易辙的表现,但继续保持或者加大压力仍是可取之策"。① 第二种,撤出越南。这一方案由国务院中级官员、越南问题部际工作小组负责人保罗·凯坦伯格(Paul Kattenburg)提出。他认为,接受吴庭艳政权的结果就是战争必输无疑,与其如此,不如体面退出。退出越南对华盛顿而言是不可想象的,肯尼迪的高级幕僚中几乎没有一个有此主张,肯尼迪本人更不可能,仅仅是政治解决的办法就已经让他感到"软弱和天真",何况撤出?所以,这个意见当场被否定。然而几天后,罗伯特·肯尼迪(Robert Kennedy)换

---

① 马克斯韦尔·泰勒:《剑与犁——泰勒回忆录》下卷,388页。

了个角度再次把问题抛出。他说,如果南越政府不能阻挡共产党接管,那么美国现在就该退出越南,如果能,但不会是由目前的吴氏政权,那么美国就应设法改变西贡政局。退出是行政当局最不希望的,而接受现状又不是绝对选择,中间方案已经很明显,那就是自吴庭艳统治南越以来从未消失的声音:"换马"。

刚升任远东事务助理国务卿的希尔斯曼、副国务卿哈里曼和白宫办公室的迈克尔·弗雷斯特尔在倒吴问题上都十分坚决。希尔斯曼尤为迫不及待,8月27日的白宫会议上,他说:"我们等待越久,就越难搞掉吴庭艳。"①此人极度自信,行事傲慢,作风激进,这或许跟其经历有很大关系。希尔斯曼毕业于西点军校,二战期间在缅甸于敌后打过游击,他曾引以为豪地形容这项任务:"约150名美国人创建了一支30000人的游击队。"②战后,希

---

① FRUS,1961 - 1963,Vol. Ⅲ,Vietnam,January - August 1963,Washington,D.C.:GPO,p.663.
② Hilsman to Rusk,undated memo,folder 12,box 3,Roger Hilsman Papers,JFKL.

尔斯曼获得耶鲁大学国际关系博士学位,作为外交事务专家,负责起草了肯尼迪竞选总统的情况简报和演说稿,颇受肯尼迪赏识。后者入主白宫,像希尔斯曼这样的专家自然跟了进去,来自马萨诸塞州担任总统国家安全事务副助理的罗斯托只是"反叛乱"的理论家,希尔斯曼则兼具理论和实践,两手都硬。肯尼迪甫一就任向幕僚们提出的头几个问题之一便是,美国正在怎样对付游击战?[1] 要回答这个问题,高级幕僚们还真不如希尔斯曼这样的人有发言权。就南越而言,希尔斯曼认为,罗斯托和美国军事顾问团所说的叛乱缺乏广泛支持都是错的,他还批评五角大楼只把目光放到军事上,对罗斯福关于"新政博士"和"赢得战争的博士"的区别不以为然,他说在欠发达国家的游击战中,两种博士都需要。[2] 他对肯尼迪最初采取的对西贡多支持、少批评的政策也不认同,就像肯尼迪认为政治解决的主张过于天真一样,希尔斯

---

[1] Roger Hilsman, *To Move a Nation*, p.413.
[2] Edward Miller, *Misalliance*, p.220.

曼对肯尼迪"一定要让吴庭艳总统了解我们对他作为一个伟人和作为我们正倚助的东南亚强人的信心"的姿态也不以为然。① 至于哈里曼,其曾在促使美国战后实行遏制政策方面起过重大作用,主持过老挝问题谈判,对远东事务较为敏锐的理解使他对越南问题的看法与绝大多数高级幕僚显著不同,而弗雷斯特尔则是哈里曼的忠实门徒。在对越政策实施过程中,肯尼迪始终身处相互冲突的意见之下,出兵越南是如此,倒吴也是如此,在他决定排除派出美国战斗部队这一军事干涉手段的同时,以国家安全事务助理麦克乔治·邦迪和希尔斯曼为代表的温和鹰派逐渐占据上风,他们主张逐步增加美国援助和投入以确保胜利。在这种氛围影响下,肯尼迪本人倾向于支持倒吴。而他任命洛奇接任驻西贡大使就是其态度的最直接证明。洛奇是共和党人,这一任命将给政府的越南政策带来两党一致的色彩,防止共和党打黑枪。然

---

① Edward Miller, *Misalliance*, p.225.

而，肯尼迪的考虑远不止于此，他深知洛奇的经历和性格——三次当选参议员，曾任美国驻联合国大使，1960年成为尼克松的竞选搭档，这是一个遇事果断、极端自信和喜好用权的人——还有他的叔叔是佛教徒。正如有评论指出的那样，肯尼迪把事情交给坚决支持政变的洛奇掌管，他就保证了事情的结果。① 如此一来，从华盛顿到西贡，反吴积极分子连成一线，被瑙尔汀不无愤懑地指责为"哈里曼—洛奇轴心"。这一"轴心"配合得可谓天衣无缝。

洛奇8月22日到达西贡后根本没有同吴庭艳交涉，他唯一关心的就是把吴庭艳的政敌引出来，他向国务院发回的第一份工作报告清楚地表明了这一点，而国务院的回电被泰勒形容为"不寻常的钻空子"事件，即"希尔斯曼电报"。8月24日是周六，白宫主要官员都不在华盛顿，哈里曼、希尔斯曼和弗雷斯特尔起草了一份电报并未经正常途径获得国务院同意就发给了西贡。电报告诉洛奇，美国不能再容忍吴庭儒留在政府里，但应当给吴庭艳

---

① 时殷弘：《美国在越南的干涉和战争》，第146页。

图 6-3 吴庭艳第一次会见美国大使亨利·卡伯特·洛奇,1963 年 9 月 1 日。(时代 & 生活图片,拉里·伯罗斯摄,Getty 图像)
图片来源:《冷战权贵:吴庭艳和美国越战起源,1950—1963》。

一个最后的机会清除他的兄弟。然而,电文又强调必须立即采取行动,指示洛奇把美国的立场告诉居于关键性地位的将军们,如果他们在任何时候起来反对吴庭艳,他们有望得到美国的"直接支持"。电报最后指示洛奇要制订出实现换掉吴庭艳这一目标的详细计划,并且保证华盛顿对根据这一电报采取的行动给予全力支持。8月26日星期一,希尔斯曼面对高级幕僚们这样解释"直接支持",他说,通过西贡之外的一个港口对南越军队提供后勤支援,这样,补给品就不须经过吴庭艳政府之手。① 这显然是一个荒唐的说法,泰勒也插科打诨地回应道,"想要不通过西贡而直接支持军队就得对我们的后勤系统作重大变革,这要花费大量的时间",他需要时间研究一下这个问题。之后的几天,华盛顿继续开会重新审议政策,瑙尔汀被邀出席。这位前大使表现得比肯尼迪要成熟冷静得多,他说中情局已经向南越将军们传达了美国支持

---

① 马克斯韦尔·泰勒:《剑与犁——泰勒回忆录》下卷,第383页。

政变,肯尼迪却认为还是有时间撤回的。包括肯尼迪在内的绝大多数人对电文的精神和处理这样重大事情的方式颇感不安,但最终还是没有撤回指示。腓特烈大帝形容玛丽亚·特蕾莎女皇伙同其他国王瓜分波兰时说,"她哭了,但她还是拿了",如果说有什么能生动反映肯尼迪当时心态的话,莫过于此。至于内容,虽然用泰勒的话来说"是一封不易看懂的电报",但正如科尔比一针见血指出的那样,执行国务院电文全凭洛奇的判断。然而,如前所述,政变计划于瞬间破灭,令他暴跳如雷。显然,洛奇希望酝酿一场新的阴谋,而总统本人无疑也是乐于看到这个局面的,可他也承认瑚尔汀的判断:"将军们对政变的兴趣不足以实现政变。"①

8月政变阴谋中止后,西贡使馆承认"要是光靠那些将军们,政变是搞不起来的"。② 吴庭艳的政敌们似乎销

---

① *FRUS*,1961-1963,Vol.Ⅲ,Vietnam,January-August1963,Washington,D.C.:GPO,p.665.
② 马克斯韦尔·泰勒:《剑与犁——泰勒回忆录》下卷,第386页。

图6-4 约翰·肯尼迪在海厄尼斯港接受CBS电视台沃尔特·克朗凯特采访,马萨诸塞州,1963年9月2日。(约翰·肯尼迪图书馆)
图片来源:《一代人的死亡:暗杀吴庭艳和肯尼迪如何延长了越战》。

声匿迹了,美国至少需要将他们引出来。事实表明,从这时开始直到两个月后吴庭艳被推翻,肯尼迪本人的态度越来越积极。9月2日,肯尼迪在接受采访时面向全国电视观众表示,南越政府要赢得战争就必须改变政策,或许还要变更人事。9月14日,华盛顿就1850万美元的商品进口计划援助暂不做决定,三天后,白宫致电洛奇,要求以美国为杠杆,设法显著削弱吴庭儒的影响,最好将其和陈丽春撵出南越。此时,洛奇当务之急要撵走的不是吴庭儒夫妇,而是同吴氏家族很亲密的西贡站站长理查森,他还促请华盛顿用兰斯代尔换掉理查森。中情局档案提及这一事件时用词是"报复理查森",①可见洛奇对新的政变是何等迫切。9月17日的国家安全委员会会议上,肯尼迪授权洛奇享有对西贡更多的调度权利。美国政府的上述行动鼓舞了南越将领们,特别是随着麦克纳马拉—泰勒使团九月末的南越之行,政变阴谋复起。

此行自9月23日始,共九天。到西贡不久,两人就与杨文明取得了联系。双方用打网球为幌子在西贡军官俱乐部见面,这一掩护方案比较自然,因为泰勒前几次访越也多次同杨文明打过网球。关于此次秘密会晤,尽管泰勒在回忆录里没有透露太多实际内容,甚至还有些言不由衷,"除了忍受烈日暴晒……真是一无所得","眼下看来是不会有什么政变的尝试了"。② 但根据他们提出

---

① Thomas L. Ahern Jr., *CIA and the House of Ngo*, p.187.
② 马克斯韦尔·泰勒:《剑与犁——泰勒回忆录》下卷,第389、390页。

图6-5 约翰·肯尼迪总统于马克斯韦尔·泰勒将军、国防部长罗伯特·麦克纳马拉越南之行后于白宫办公室接见他们,1963年10月2日。(约翰·肯尼迪图书馆)
图片来源:《一代人的死亡:暗杀吴庭艳和肯尼迪如何延长了越战》。

的报告,有理由认定,双方的密谈绝不是泰勒所说的如此乏味。使团的报告全部都是朝着搞掉吴庭艳政权的方向提出的建议,肯尼迪派他们去的意图达到了,不但如此,此次实地考察另一重要的结果便是,将不受洛奇欢迎的理查森调离岗位,这样做"对各方面都有好处"。事实上,在理查森被召回前的第三天,即10月2日,陈文敦就与科奈恩"在西贡机场偶遇",他主动邀请科奈恩在芽庄(Nha Trang)见面,后者当天就飞到芽庄。一见面,陈文敦就对科奈恩宣布,将领们有一个推翻吴庭艳的计划,约他和杨文明本人讨论此事。洛奇批准了会见。

三天后,科奈恩与杨文明在西贡进行了一个多小时的会晤。此次,一份详细的政变谋划人员名单被透露给美国,他们是政府军事顾问杨文明、国防部长阮廷淳、武装部队代理参谋长陈文敦、副总参谋长黎文金、联合总参谋部参谋长陈善谦等。此外,计划的支持者包括除第四军区司令黄文高在内的三大军区司令以及邻近西贡的第五师师长阮文绍,几乎囊括所有南越武装部队高级军官,科奈恩不能不感到震惊。接下来,杨文明要求美国明确保证不会阻挠政变并承诺成功后给予新政权同等水平的经济、军事援助。最后,他大致阐述了清洗吴氏家族的三个途径,"最简易的一种,暗杀吴庭儒和吴庭瑾,但保留吴庭艳,其他两支驻扎在西贡的忠于吴庭艳的5500人部队或消灭之或威胁之"。① 会晤结束后,洛奇急电华盛顿,建议除了暗杀计划外对其他事项予以肯定答复,并审议政变计划。10月6日,白宫回电洛奇,同意给予杨文明集团所需的保证和允诺,出于维护美国形象的考虑,它指示只详细了解而不审议和参与制订计划。10月9日,用中情局渠道发往西贡的一封国务院电文指示洛奇,注意搜集政变成功希望的情报,再次强调"无论怎样都应避免让美国与改变一个政府联系起来"。② 科奈恩奉洛奇之命通知杨文明,美国不会阻挠他的计划。而科奈恩自此成为美国政府与政变集团唯一的联络渠道也是显示美国"诚意"的一个信号。随着两次与陈文敦的接触,政变集团明确表示他们选择科奈恩作为传信人——可能是出于接触面越少越好的考虑或者是由于斯佩拉8月末和陈善谦的接触引起了他们的疑虑。"在搞掉一个盟友政府这

---

① Thomas L. Ahern Jr., *CIA and the House of Ngo*, p.192.还可参见《守口如瓶的人》,第234页。

② Thomas L. Ahern Jr., *CIA and the House of Ngo*, p.196.

样重要的事务上代表美国政府谈判,科奈恩一直不是西贡站的第一选择,因为他更擅长行动,而非谋划。"①但政变集团愿意和科奈恩打交道,为防止误解,洛奇继续让他担任传信人。10月11日,中情局公布官方消息,理查森将不再回到西贡。10月18日,美国采取了一项新的重要行动,停止向吴庭儒的武装特务部队提供援助,在美国不断释放支持信号的同时,政变集团的最后准备也几近完成。

政变阴谋复起后,陈文敦取代陈善谦成为政变集团和西贡站进行联络的唯一中间人,政变集团虽没有对此做出解释,但很大程度上可能是杨文明对陈善谦并不能完全信任。10月5日在和科奈恩会晤时,杨文明仍怀疑陈善谦是否可靠。② 其实,并不止陈,阮庆也不够坚定。不过,他们的重要性都比不上第三军区司令孙室庭,此人对政变取得成功不可或缺。早在7月,陈文敦就试图将

---

① Thomas L. Ahern Jr., *CIA and the House of Ngo*, p.193, p.192.
② Ibid., p.192.

他纳入政变阴谋中来，但当时孙貌似忠于吴庭艳，他还把科奈恩挟持到他的指挥部，逼问他是否正策划倒吴，被枪抵着的科奈恩矢口否认。① 孙室庭还向吴庭儒报告说，一个美国官员给他提供2000万皮亚特用以推翻吴庭艳。② 尽管拉拢孙室庭看似并不容易，但也不是没有可能。这位年轻将领在某种程度上比陈善谦更不可靠，他对科奈恩宣称自己是力挽狂澜之人，既可救越南于共产党统治之下，

图6-6 南越孙室庭将军，1963年。
（时代&生活图片/Getty图像）
图片来源：《错误的同盟：吴庭艳、美国和南越的命运，1954—1963》。

---

① "The Anti-Diem Coup", p.2.
② Thomas L. Ahern Jr., *CIA and the House of Ngo*, p.189.

也能在西贡绑架乃至杀掉包括吴庭艳在内的任何一个人。① 这样一个虚荣浮夸之人其性情也是喜怒无常的,他的缺点可被利用加速他投入政变集团怀抱。

9月初,陈文敦拉上孙向吴庭艳要求升官,如陈所料,吴庭艳予以怒斥。吴还让孙室庭"休息"一段时间以示惩罚。陈文敦决定在孙受了伤的自尊心上做文章,此间,陈文敦等人对孙展开了攻心战。不久,孙返回西贡,陈文敦立即提议由孙任内政部长,等待吴庭艳驳回之时,再借机向孙挑唆。自8月21日袭击寺庙事件之后,孙室庭本以为会加官晋爵,但情况全然不是他设想的那样,他对吴氏兄弟失望情绪愈加明显,如科奈恩所言,只需对他稍加刺激,便可令其就范。② 陈文敦等步步为营,手段无所不用。孙室庭的法国妻子非常漂亮,西贡曾传闻说,吴庭儒在一次舞会上趁孙室庭不在欲对其妻图谋不轨,孙

---

① Thomas L. Ahern Jr., *CIA and the House of Ngo*, p.187.
② Ibid.

因此感到莫大的侮辱,直到吴庭儒夫妇亲自出面解释才得以转圜。这件事只是传闻,并没有真凭实据,而陈文敦此时在孙面前重提,言之凿凿,以陈文敦的地位,孙不能不信,以孙的性格,他也必然信。当然,政变集团也做了两手准备,孙室庭的一举一动都在政变集团的监视之下,一旦怀疑他出卖他们,就干掉他,孙的副手会填上他的位子。① 至此,用陈文敦10月24日告诉科奈恩,孙"已深陷包围之中,要么合作,要么灰飞烟灭"。② 孙室庭倒戈等于砍断了吴庭艳的一只手,另一手也决不会留给他,这就是忠于吴庭艳的第四军区司令黄文高(沿四号公路而下,他的指挥部距离西贡只有不到40英里),正是他在1960年政变中挽救了吴庭艳。杨文明集团为避免重蹈1960年覆辙,必须设法阻止黄在政变发生时迅速进入西贡救援。吴氏兄弟能依靠的仅有他们直接控制的武装特务部

---

① Edward Miller, *Misalliance*, p.315; *FRUS*, 1961-1963, Vol. IV, Washington, D.C.: GPO, p.451.

② Thomas L. Ahern Jr., *CIA and the House of Ngo*, p.200.

队,在政府军面前它翻不起多大风浪。

吴庭艳对阴谋推翻他一事显然不是一无所知,美吴交恶,情势已是如此。在顺化佛教徒抗议之前,吴氏家族的一个重要亲信郭从德(Quach Thung Duc)被枪杀,对他的暗杀是中情局直接指使的。接到麦科恩除掉郭的命令后,理查森立即布置由西贡黑社会组织实施暗杀行动。① 根据现有资料还不能断定,此事是否与推翻吴庭艳直接有关,对事件的调查很快被佛教徒自焚引发的反政府示威冲淡,但种种迹象表明一场政变在即。吴氏兄弟或公开谴责或对洛奇抱怨中情局的阴谋,这种反应如果不是天真,就是自大愚蠢。就在反吴势力编织他们的政变计划时,吴庭儒也设了一个圈套,代号为 Bravo Ⅰ/Bravo Ⅱ。按照设计,行动第一阶段:西贡搞一次袭击,吴氏兄弟逃离西贡,诱使那些搞阴谋的人公开暴露,此为 B1 计划。第二阶段:忠于吴庭艳的部队展开一场反政

---

① 亨利·莫尔:《越战前后目击记》,第 201、202 页。

变,将真正的阴谋者一网打尽,此为 B2 计划。在这个过程中包括对一些美国人实施袭击,袭击被扑灭之时,美国就会看到替代吴庭艳的结果就是无政府状态,也会认可吴氏兄弟对佛教徒的高压态度。① 这个计划有一个致命的漏洞:孙室庭是行动的执行人,吴氏兄弟自认为这个年轻军官不同于那些老资格的将领,是效忠于自己的。如果说吴庭艳识人不察,过分信赖一个人也能说得通,但事实是其对整个军队的掌握是绝不牢靠的。佛教徒抗议以来,吴氏兄弟一直密切注意军队的动向,吴庭艳明知道杨文明、陈文敦等高级军官对他持有非议,但并没有替换他们,甚至直到最后一刻,连政府安危所系的西贡军长官孙室庭都未撤换。这并不意味吴庭艳信任这些身居要职,最有条件也最有可能发动政变的军官,只有一个原因才

---

① Edward Miller, *Misalliance*, p.315;亨利·莫尔:《越战前后目击记》,第 127 页;Thomas L. Ahern Jr., *CIA and the House of Ngo*, p.203. 前两本书说法基本一致。孙室庭确认,吴庭儒的确有这么一个计划,但他认为吴庭儒从未想过搞一次伪政变,计划真正的目的是动摇对方阵营。中情局档案中提到吴庭儒的计划是针对美国人搞袭击。

能解释,那就是他相信自己应该也能够驾驭控制一切,他自认为拥有神圣的天命,这种自大让其编织了一个比原先更大的圈套。

第三节 喋血西贡

10月下旬,政变已是箭在弦上,华盛顿的神经绷得更紧了,一方面迫切要求掌握对大使及其官邸采取保护性措施的情况和确认政变集团的行动方案,另一方面准备考虑劝阻政变。① 犹豫不定莫过于肯尼迪本人,哈金斯和洛奇一直未能统一看法使他一再担心政变失败。恰在此时,政变集团似乎再度表现出8月政变时的态势,② 这就更加剧了华盛顿的不确定性,麦科恩、麦克乔治·邦

---

① "The Anti-Diem Coup", p.13, p.15.; Thomas L. Ahern Jr., *CIA and the House of Ngo*, p.202.
② Thomas L. Ahern Jr., *CIA and the House of Ngo*, p.201.

迪和赫尔姆斯都分别向西贡发出函电,怀疑陈文敦、杨文明等人是不是被吴庭儒用作诱饵让美国落入圈套。邦迪建议不要让科奈恩担任联络人,总部让西贡站暗中监听科奈恩和政变集团的谈话。① 史密斯反对这么做,认为一旦被吴庭艳的安全部门发现,反倒坐实美国政府卷入到这场阴谋中,更何况任何情况下,技术部门都无法凭借小小的录音来确定意图。② 史密斯还保证,尽管风险无处不在,但科奈恩解读陈文敦诚意的能力是不可替代的资产,尤其是行动在即的时候。虽然他没说明如果这是吴庭儒设的一个局,故意挑衅美国对其有什么好处,但他和洛奇一样,觉得这种可能性微乎其微,吴庭儒不可能用陈文敦,更别说杨文明来作如此大阴谋的诱饵。③ 洛奇的回电更简洁,他说,"相信将领们跟美国打交道是守信的,否则,中情局大可以准备让我在国家利益需要的时候

---

① Thomas L. Ahern Jr., *CIA and the House of Ngo*, p.201.
② Ibid., pp.201-202.
③ Ibid., p.202.

抛弃科奈恩",此时没有比科奈恩更合适的人选。[①] 华盛顿所受惊惧不小,不纯粹由于过度敏感,而确有其他来由。10月23日,陈文敦主动约科奈恩,据陈所说,他的一位叫阮康(Nguyen Khuong)的上校刚刚告诉一位美国官员,军队大概于27日发起政变,哈金斯得知这一消息就拜访陈文敦加以劝阻。同时,阮康的话可能也被总统府获悉并引起了吴庭艳的警觉,因为对政变最关键的两个单位第五师和第七师的作战任务被延长了。陈文敦希望转告洛奇,阮康不代表将领们,阮将会受到处分。科奈恩则要求对方证明政变的确已准备就绪。洛奇得到汇报后,未及求证陈言是否属实,哈金斯就"主动承认科奈恩的报告准确,不过自己没有违背华盛顿的指示,他的意图仅仅是要给越南人浇浇冷水,不要让政治破坏了战争努力"。[②] 洛奇把10月9号华盛顿不要阻挠政变的电文通报给哈金斯,后者为他的插手表示歉意,承诺撤回告诉陈

---

① Thomas L. Ahern Jr., *CIA and the House of Ngo*, p.201.
② Pentagon Papers, Gravel Edition Vol. 2, Chapter 4, "Overthrow of Ngo Dinh Diem, May - November, 1963", p.234.

文敦的话,并要求科奈恩安排自己和陈文敦见面。10月24日清晨六点半,他们在西贡机场碰头,陈提出亲自向洛奇确认政变集团只和科奈恩打交道,邀请科奈恩当晚在西贡市中心的一个牙医诊所会晤。见面后,科奈恩告诉对方,大使的工作日程不包括和他见面,陈文敦显然很不高兴,以安全为由拒绝交出原先承诺的政治方案,但同意可于政变前两日将政治、军事计划全盘托出并不迟于11月2日发动政变。① 正是23和24日的接触导致美国方面认为,推翻吴庭艳的阴谋又出现了和8月一样的情形,以至于竟怀疑这一切是吴氏兄弟设局。洛奇和史密斯的回电并没有彻底消除华盛顿的恐慌心理,非但如此,华盛顿争论再起。邦迪代表肯尼迪致电洛奇:"高层正在对西贡站所报告的与陈文敦的接触情况详加审查,认为目前已知的计划并没有传递出一个明朗的前景",要求他即刻与哈金斯分享情报,并会同哈金斯和史密斯提供一份全面评估。邦迪还告诉洛奇,华盛顿准备召回他当面

---

① Thomas L. Ahern Jr., *CIA and the House of Ngo*, p.200.

问询,考虑让哈金斯代理大使责任。① 洛奇回电表示,不反对向哈金斯通报情况,但反对哈金斯代行大使职责,因为这可能结束这里变更政府的任何希望。②

10月30日,哈金斯向泰勒连发三份电报,强调政变领导人极不可靠,激烈指责洛奇违背总统指示精神积极插手政变阴谋,极力反对抛弃吴庭艳,哈金斯甚至表示,"我在这里接触的人当中,还未见过任何一个人具备吴庭艳那样的勇气,至少在与共产党较量方面如此,可以肯定的是,将领中无一人有资格担起责任。我本人不是吴庭艳分子,我当然知道他性格中的缺点,此时此地我支持1400万南越人民的领导人"。③ 他还这样强调推翻吴庭艳带来的影响:"其他国家的领导人将对我们的援助看法模糊,无法不相信等待他们的将是同样的命运。"④ 问题提到这个高度,讲得如此严重,把美国政府的犹豫再度推

---

① *FRUS*,1961-1963,Vol. Ⅳ,Vietnam,August-December 1963,p.500.
② Thomas L. Ahern Jr.,*CIA and the House of Ngo*,p.205.
③ Pentagon Papers,Gravel Edition Vol. 2,Chapter 4,"Overthrow of Ngo Dinh Diem,May-November,1963",p.238.
④ Pentagon Papers Doc.♯36, cited from"The Anti-Diem Coup",p.14.

高,不过此时的华盛顿只是出于担心政变的胜算有多大,而不是应不应该抛弃吴庭艳。针对洛奇说"美国已经没有能力去阻止一场政变,即便其前景看上去糟糕",邦迪回电如下:"……我们对政变集团的态度仍然可以对政变的结果产生决定性作用,我们相信对政变集团所说的话可以导致政变推迟,我们不止一遍地说过,把政变计划卖给吴庭艳不是我们阻止政变的唯一途径。"①洛奇回电强调,除了把秘密泄露给嘉隆宫,他无力阻止一场政变。至于政变领导人的决心和力量问题,"我不知道还有什么证据能够比这些人冒着生命风险而不准备为自己得到什么的事实,更能说明他们的决心和力量"。② 而且10月30日晚些时候,白宫再致电洛奇,"一旦政变在负责任的领导集团之下开始……那么它的成功符合美国的利益"。③这是政变开始前,洛奇收到的最后一份电文。"换马"已

---

① Pentagon Papers, Gravel Edition Vol.2, Chapter 4, "Overthrow of Ngo Dinh Diem, May - November, 1963", p.238.
② Ibid., p.239.
③ Ibid., p.240.

经是一项既定原则,行政当局自始至终在意政变成功的希望,洛奇强调的是"不可回头",仅仅五十步和百步之别,与"抛弃吴庭艳"相左的意见自然不会引起广泛共鸣:政变在即,中情局远东司司长科尔比建议"不流血的换班",即用吴庭儒替下其兄,[1]结果无异于左手换右手。眼前即将一片腥风血雨。11月1日的西贡如此平静,"那天早晨是自5月8日以来比任何时候都更接近正常的时刻"。[2] 上午,洛奇与太平洋舰队司令哈里·费尔特(Harry Felt)拜会吴庭艳,他们于正午告辞,政变遂告

---

[1] Thomas L. Ahern Jr., *CIA and the House of Ngo*, p.206.

[2] Ibid., p.208. 有人指出,政变集团原定11月4日行动,孙把政变日期透露给吴庭儒,吴命令他催促政变集团将行动提前至11月1日。(参见 Pentagon Papers, Gravel Edition Vol.2, Chapter 4, "Overthrow of Ngo Dinh Diem, May - November, 1963", p.243.)但材料表明,第二军区司令阮庆在政变后不久和美国官员谈话中提到,政变原定于10月31日,但由于第二天大多数将领都会出席吴庭儒召集的有关战略村的会议,他们打算趁开会动手,便推迟一天。阮庆事后心有余悸,告诉美国人,耽搁一天都令人坐卧不宁。(Memorandum of Conversation, 16 Nov.1963, U. S. Declassified Documents Online, tinyurl.galegroup.com/tinyurl/4CAkh7, accessed 7 Jan. 2017.)结合陈文敦告诉科奈恩不迟于11月2日的情况来看,当是阮的说法更可信。另,下文出现的时间全部以中情局档案所述时间进行阐述。

第六章 末日来临

发生。

下午一点三十分（华盛顿时间是凌晨一点），在西贡那热得令人喘不过气来的日子里，这正是午睡时间。几卡车的海军陆战队士兵头围红色方巾，自边和方向涌入西贡。一点四十五分，陈文敦电话通知美国军事援越司令部参谋长理查德·史迪威（Richard Stilwell）：政变已经开始，所有将领都已聚集在联合总参谋部。① 稍晚些时候，科奈恩也赶到这里，他还给政变集团带来 42000 美元。② 实际上，作为政变的第一步于 10 月 29 日就启动了。这天，孙室庭一声令下，吴氏兄弟直接控制的武装特务部队被调出西贡，何以这支禁卫军会听命于孙，这就要从吴庭儒的假政变说起。

---

① 这天早晨，史迪威让史密斯来他的办公室，他曾是史密斯的上司，这次他要给史密斯一些忠告——为了让史密斯和中情局不要太丢人，停止散布政变的谣言。史迪威还说，可预期的未来什么也不可能发生。这可能就是陈文敦第一时间通知史迪威政变开始的原因。
② Howard Jones, *Death of a Generation*, p.411. 据科奈恩在国会听证会上说，本来约 70000 美元，但没全部提供给政变集团，原因是包装不下，他又不想提两个箱子。参见该书第 524 页，第十个注释。

第四军区的多数军官已被孙室庭的副手阮友固（Nguyen Huu Co）策反，可是，有一个忠于吴庭艳的人听说了有关消息后立即报告了吴庭儒。吴氏兄弟打电话给孙室庭说，他们已经掌握了情况。后者故作吃惊，建议立即处决阮友固，这让吴氏兄弟确信，孙没有卷进来，因此，吴氏兄弟不动声色，准备先发制人。① 从一定程度上说，吴氏兄弟此时仍相信孙不能算愚蠢，孙到此时可能还脚踩两只船，未把赌注下在任何一边。而吴庭儒的打算是将计就计，打对方一个措手不及，就以原先设计的圈套为基础，稍加调整即可，也就是授权孙室庭把黎广松（Le Quang Tung）的武装特务部队调出西贡，为的就是使圈套更逼真。在吴氏兄弟看来，虚晃一枪可诱骗对方出动，但他们自以为完美的设计恰恰中了政变集团的下怀，后者等的就是这个结果，只要这时孙室庭不出卖他们，政变就成功了一大半。至于孙当时到底代表哪个阵营执行任

---

① Pentagon Papers, Gravel Edition Vol.2, Chapter 4, "Overthrow of Ngo Dinh Diem, May–November, 1963", pp.241-242.

务,只有他自己知道了,很可能就在那一刻,他决定倒向政变集团。10月31日,星期四,吴庭艳命令上校林文发(Lam Van Phat)指挥第七师,这个突如其来的变动应该也是针对政变集团的反制措施。然而,吴庭艳又一次算错了。根据一贯做法,林文发上任前要拜访他的新上司孙室庭。但孙故意拒绝接见他,告诉他第二天下午两点再来,那时政变已然开始。利用这短暂的间隙,孙的副手阮友固立即乘直升机飞到美寿(My Tho),控制部队。林和黄文高都是南方口音,阮掩饰他的中部口音,操南方口音打给黄,让黄误以为自己在和林讲话,以为林已经控制了部队。当黄最终意识到真发生了政变时,立即打给美寿方面,阮友固忍不住奚落这位军区司令:"难道你没听出我的声音?"[1]此时,所有船只都已部署在湄公河沿岸的西贡一侧,用以阻滞黄文高,他被警告过河就是死。当天晚上近十点,黄宣布支持政变。[2] 从这刻起,吴庭艳的

---

[1] Howard Jones, *Death of a Generation*, p.409.
[2] Ibid.

命运已经注定在劫难逃了。

杨文明集团以庆祝梅友春(Mai Huu Xuan)生辰为名,把众将领诱骗至联合总参谋部青年军官俱乐部。他们入座后,杨文明立即痛陈吴氏政权倒行逆施,大失民心,主张全体军人联合一致将其推翻,同时配备冲锋枪的军警冲进房间,威胁、逼从众人。忠于吴氏家族的武装特务部队首领黎广松等认为他们大逆不道,首先反对,起立离座,他于当晚被处决。许多犹豫不决的军官默默呆坐,形同被软禁。这时,杨文明拿出录音机,参与者必须报上姓名和声明保证支持政变。录音经过备份,被分藏在西贡各处,一旦事败,确保无人能脱得了干系。同一时刻,政变部队迅速占领配有通信设备的邮局、警察局、机场,及海军总部和政府广播电台,立即广播了以14位将军和7位上校的名义发表的宣言。

政变开始后,吴氏兄弟本有两次机会尽可能做出反应,但都被他们丢掉了,他们误以为是自己的计划正在进行,而等到意识到是真的政变时,他们在好几个小时里打电话四处求援，未得到任何反应。在此期间，政变士兵中有一人冒险占据有利位置，近到足以允许200人对总统府开火，35辆装甲车也正开往总统府方向。一直待在政变总部的科奈恩建议，将军们通过电话告诉吴庭艳以投降换取安全。杨文明集团决心不重蹈覆辙——1960年吴庭艳就是利用机会拖延时间等待救援到来。尽管这次他众叛亲离，已不大可能故技重施，但将领们一点余地也不留下，"他要么同意（下台），要么不同意"。① 时间在一点点流逝，杨文明没有了耐心，警告吴庭艳只有五分钟时间考虑。下午四点三十分，吴庭艳跟洛奇通过电话进行了最后一次交谈：

洛奇："……如果我能为你的人身安全做点什么，请给我打电话。"

吴庭艳："你有何建议？"

洛奇："你是国家元首，我不能给你建议，但作为我个

---

① Thomas L. Ahern Jr., *CIA and the House of Ngo*, p.209.

人,作为一个朋友和关心你的人来说,我的建议是,你认真考虑一下离开……我打算派我的司机带上我的人陪你到安全的地方。"

吴庭艳:"我不同意逃跑,因为这不过是一件小事,就几个头脑发热、不代表军队的将军们,我知道真正的部队是忠于我的。"

洛奇:"好吧,总统先生,那是你决定的事。我不能建议你这样或那样,但正如我刚才所讲,如果我能在负责你安全方面有任何帮助,我将乐意之至。"

吴庭艳:"既然这样,我希望你告诉华盛顿正在发生的事情,我需要他们派两艘附近航母上的海军陆战队营级登陆队保护总统府。"

洛奇:"你知道现在是华盛顿凌晨四点,我们做不到。"

吴庭艳:"我正试图重建秩序。"[1]

---

[1] Howard Jones, *Death of a Generation*, pp.413-414.

大约五点,杨文明打通总统府电话,但吴庭艳直接挂掉电话,杨恼羞成怒,两小时后他再次下达最后通牒警告吴庭儒:如果不投降,就让他从地球上消失。① 吴庭艳还是不听电话,杨文明不能再等了,政变领导人的"声誉"不能不要,科奈恩不无怂恿地警告:"如果你犹豫,你将一无所有。"②晚上十点,双方还在僵持,吴庭艳尚有17辆坦克和约400名敢死队。同时,杨文明集团拼凑了一个临时政府。凌晨三点,可以腾出手来发起进攻了。杨文明命身为天主教教徒的第五师师长阮文绍率先冲击总统府,但仍难进寸步。11月2日上午六点,楼上的一个窗口扯出白旗,政变部队误认为是投降,察觉受骗后,再组织进攻。大约45分钟后,吴庭艳的警卫队停止抵抗,但接下来让杨文明惊恐的是:吴氏兄弟不见了。在政变集团的计划里,吴庭艳完成权力交接后将获得政治避难。但理查森颇有先见之明地说:"如果军人掌权,吴庭艳家

---

① Thomas L. Ahern Jr., *CIA and the House of Ngo*, p.210.
② Howard Jones, *Death of a Generation*, p.414.

族能否活着走出越南还是个问题。"①无论怎样,吴庭艳的失踪,破坏了一切。事情的经过可能是这样的:

六点二十分,陈文敦接到吴庭艳的电话,吴同意如能得到安全离境的承诺可以缴械。陈文敦告诉科奈恩需要一架美国飞机,被大使馆方面拒绝——这等于把美国政府和政变捆在了一起。十分钟后,科奈恩得到的回复是,美国政府不赞成飞机降落在任何一个国家,愿意给吴庭艳提供避难的除外。科奈恩将这一态度通知政变集团,就在这时,吴庭艳命令他的人停火,而杨文明动身前往总统府。八点,杨到达总统府,准备带走吴氏兄弟,如此,似乎一切就结束了。可是,他们竟去向不明。从这时开始,关于吴庭艳生命的最后时刻变得模糊起来。

一种说法认为,他和吴庭儒在政变部队发起最后袭击前,即11月2日上午六点左右,也有可能更早,于头天

---

① Howard Jones, *Death of a Generation*, p.174.

晚上八点的时候就逃了①;还有一种解释,11月1日晚上八点,他们不是通过地道而是走侧门,钻进了一辆等候在那里的汽车,直奔堤岸而去,暂避于华侨富商马天(Ma Tuyen)家里。吴庭儒希望去中部高地,但吴庭艳愤怒地告诉他说,"总统不会跑",自己要去联合总参谋部和将领们对话。就在政变集团发现吴庭艳失踪,惊魂未定之际,突然得知吴氏兄弟在堤岸,其身边一名上尉打电话到联合总参谋部说吴庭艳准备缴械并要求流亡海外。② 第三种看法,吴庭艳挖了三条地道备用。哈金斯后来说,凝神向楼下看,可见地道伸向远方,深不见底。③ 政变当晚八点左右,他们从地道逃走。中国国民党政府大使馆未能提供避难,他们躲进马天的俱乐部。此时,范玉涛从抓获的警卫队军官嘴里得知他们已逃往堤岸,便追到马天这里,吴氏兄弟听到范打电话给上级,又转至附近的圣方济

---

① Seth Jacobs, *Cold War Mandarin*, p.178.
② Edward Miller, *Misalliance*, p.323.
③ Howard Jones, *Death of a Generation*, p.418.

各教堂。这天是万圣节,吴氏兄弟身着暗灰色衣服,神态疲惫,穿过幽森的院子进入教堂,就在这时,被人认出。①上述解释不一,细节上差异较大,《中情局和吴庭艳家族》对这些情况毫无记载,不能加以印证。笔者唯有以档案为基础进行梳理。

11月2日早上六点,吴氏兄弟逃离总统府,而且只能从地道出去。因为首先,路口设有路障和哨卡,无论他们怎么装扮,试图避人耳目都是办不到的。其次,六点二十分,陈文敦接到吴庭艳提出辞职的电话,笔者无法确认是不是吴本人打电话,还是忠于他的人,但可以肯定吴庭艳已不在总统府,那个白旗是为掩护他离开争取时间。或许此时他还对救援抱有一线希望,但过去了45分钟,仍不见丝毫回音。警卫队停止抵抗是奉了吴的命令。大势已去,"重建秩序"已是无望,绝望之下,吴庭艳试图体面下台,以其性格,断不会狼狈到四处躲藏,便决定把落

---

① Howard Jones, *Death of a Generation*, p.428.

脚点告诉政变集团。他们通过地道后,再由高春伟(Cao Xuan Vy)驱车至堤岸,在马天家中暂避,很快又转至教堂。上午十点,杨文明派出的车队赶到这里,共有两辆吉普和一辆 M-113 型装甲运输车。该车 1960 年用于装备美军,能防 7.62 毫米轻机枪子弹。负责押送车队的是梅友春,对吴氏兄弟怨愤很深,还有一个是杨文明的助手兼保镖阮文绒(Nguyen Van Nhung)上尉,有人看到,杨朝他抬起右手两个手指,这是要杀掉吴氏兄弟的暗示。吴庭艳请求回总统府取点私人物品,遭到梅友春的拒绝,后者冷冰冰地说,他接到的命令是把他们带回联合总参谋部。当吴氏兄弟被要求爬进装甲车时,吴庭儒愤怒地抗议,他说:"这是总统,我是总统顾问,你们就让总统坐这样的车吗?"而他得到的回答是,"我们来奉命带走你们,现在这儿没总统"。[1] 梅友春命人把他们的双手捆绑在背后,吴氏兄弟被猛地推进车里,梅友春自己跳上吉普车

---

[1] Edward Miller, *Misalliance*, p.324.

走在车队前面,装甲车内只留下阮文绒和另一名叫杨友义(Duong Huu Nhgia)的上尉。据杨后来告诉美国记者斯坦利·卡诺(Stanley Karnow),整个过程中,吴庭艳一直沉默不语,吴庭儒和阮文绒发生争执,后者用匕首刺向他,鲜血让吴庭儒更加愤怒,阮一刀一刀地刺过去,然后,阮转向吴庭艳,对他的头部开了一枪,这时,吴庭儒还在扭动,阮也向其头部开了一枪。① 就在几小时前,阮文绒还杀死了黎广松。从后来的照片上看,吴氏兄弟倒在血泊中,身上布满弹孔,脸上血肉模糊,明显遭到暴打。令人疑惑的是,他们被捕获时,高春伟已不见踪影。这个细节只在一份呈送国务院的秘密报告里提到过。② 有关吴庭艳被杀还是留下了一些谜团。

十一点钟,已从总统府回到联合总参谋部的杨文明告诉科奈恩,吴氏兄弟已在教堂自杀,科奈恩听罢道:"最

---

① Howard Jones, *Death of a Generation*, p.429.
② U.S. Declassified Documents Online, tinyurl. galegroup.com/tinyurl/4CAoC9,accessed 7 Jan.2017

好再编一个更靠谱的故事出来。"①他拒绝查看他们的尸体,但确信吴氏兄弟已然死亡,并立即报告了洛奇。面对这一结果,洛奇毫不掩饰其兴奋之情,由衷地祝贺政变集团"干得漂亮",并告诉腊斯克,"应该嘉奖的人还包括总统本人、国务院、美国情报处和中情局",②"没有美国政府的统一行动,这是办不到的"。③

毋庸置疑,美国对南越政变绝不仅仅是它自己所谓"既不鼓励也不阻挠"的开绿灯而已,正相反,它一手制造了政变,甚至千方百计地试图掩盖之。如此处心积虑地剪除吴庭艳政权,原因绝不像表面看上去那样简单:吴庭艳政权腐败、专制暴虐,"引起人民的愤慨,维护这样一个不被人民支持的政府,有损于美国的形象",④而肯尼迪政府由于支持这个政权遭到了空前强烈的怀疑和批评,

---

① Thomas L. Ahern Jr., *CIA and the House of Ngo*, p.212.
② Howard Jones, *Death of a Generation*, p.431, p.439.
③ Lodge to Rusk, No.949, Nov.6, 1963, NSF, Countries-Vietnam, boxes 200 – 201, JKKL.
④ 亨利·莫尔:《越战前后目击记》,第 125 页。

种种理由,不一而足,而结论只有一个,即吴庭艳必须倒台。论独裁专制并非南越一地之现象,但凡亲美政权莫不如此,亚洲菲律宾马科斯家族、南韩李承晚、退守台湾的蒋氏政权与南越都属同样性质。更何况,美国自己认为,在南越实行民主只会坏事,就连后来对吴庭艳激烈批评的大使德布罗都表示,美国不应该以自己的道德标准对之加以评判。① 美国在南越的干涉战争本就丝毫没什么道义和形象可言,撕下这些伪装,美国搞垮吴庭艳的背后还有一个不能言说的方面,那就是吴庭艳与北越和民解的秘密接触是美国完全不能接受的。

"与吴庭艳共存亡"是美国的一项既定原则,但这并不必然导致双方建立真诚合作的关系。对美国在越南的势力,吴庭艳一直忐忑不安,给山姆大叔一点颜色看看,稍舒胸中积郁,是他的潜意识,其中含有强烈的民族主义情绪。1961年年底开始,美国驻越军政人员急剧增加,

---

① Thomas L. Ahern Jr., *CIA and the House of Ngo*, p.131.

新来的成千上万美国人个个都需要先前几百个顾问享有的"半外交"特权地位,许多美国人对待南越官员的态度使问题更加严重,主要是傲慢、指手画脚,引起诸多摩擦。1963年年初,吴庭儒公开要求美国减少驻越人员,华府自是非常不满,双方裂痕日渐扩大,以致吴氏兄弟竟希望谋一条退路来应对和美国可能的冲突。同年春,吴庭儒通过法国驻西贡大使、印支国际监控委员会波兰代表向北越及民解试探和平共处的可能性,似乎也得到了后者的某种呼应。5月底,胡志明对澳大利亚记者威尔福雷德·贝却敌(Wilfred Burchett)公开表示,美国必须撤出越南,在此基础上解放武装力量和吴庭艳可能停火,之后南方举行自由选举。解放武装力量领导人也同时发表了类似的谈话,甚至早在1962年7月,民解发表声明,将和有关方面实现南越中立,软化了要求吴庭艳下台的立场。就在吴氏兄弟着手这样的接触不久,声势浩大的佛教徒抗议爆发了,如果笔者前述的逻辑和结论能成立,即这场抗议运动是美国插手支持的,那么美国为何在此时不是帮助吴庭艳平息事态而是火上浇油就不难理解了。美国所谓的尴尬、难堪给了它又一个清除吴庭艳的冠冕堂皇的借口,实际原因却是越南南北两方的接近。因为如此一来,不但美国自1954年以来承担的义务化为乌有,而且最终还是"失掉"印度支那了。这样的冷战言论于当时铺天盖地。美国著名史学家阿瑟·施莱辛格(Arthur Schlesinger)曾写道:"不管在1954年以前我们在越南有无重大利害关系……不管我们应不应该在我们划线的地方划上一条线,反正这条线一旦划下了,就会一年比一年更有力的约束着我们……肯尼迪……别无选择,只能在他承袭下来的总的形势中干下去。"《时代》周刊对那些不同意这一说法的人解释说:"……必须付出一切代价守住南越……如果美国不能或不愿在共产党的进攻下保住南越,那么亚洲国家就会从此不再认为信赖美国是安全的了,整个东南亚的陷落就只不过是时间问题。"①总之,撤

---

① [美]威廉·曼彻斯特:《光荣与梦想:1932—1972美国社会实录》下卷,第939页。

退是无法想象的,越南人抛开美国搞谈和也是不能容忍的。这里有一个问题,就是吴庭艳的动机究竟是什么。除了获得对美国施加压力的杠杆,必要时为自己留有后路外,有学者认为,还有另一种可能性,即吴氏兄弟把和共产党对话看作一次机会,一次宣称战胜了民解的机会。他们总是对自己所做的一切很乐观,这次和共产党会谈在其看来就是让河内屈从的前奏,计划于1963年结束战争。① 1954年后,吴庭艳似乎决心不与北方打交道,但事实上,他从未断绝这样的联系,他没有一概回避和北方的对话。

1963年七八月间,印支国际监控委员会波兰代表米奇斯瓦夫·马内利(Miecyzslaw Maneli)试图把北越承认吴庭艳当局的提议带给西贡。鉴于波兰外交部两个月前不要介入调停的指示,另外也因为自己刚刚被任命,不熟悉吴庭儒,在法国驻西贡大使罗杰·洛维特(Roger

---

① Edward Miller, *Misalliance*, p. 304.

Lalouette)的安排下,马内利和吴庭儒在一次招待会上结识,一周后,吴庭儒邀请马内利在嘉隆宫会面。法国一直以来呼吁召集有关各方就越南统一和中立进行会谈,洛维特认为法国的态度将鼓励吴氏兄弟对马内利的提议及要求美国撤出做出积极反应。然而,吴庭艳对此建议没有兴趣,也拒绝马内利从中调停。① 洛维特—马内利计划胎死腹中,吴庭儒却把消息透露给了记者艾尔·索普,

图6-7 吴庭儒于嘉隆宫办公室,1963年。(AP图像,霍斯特·法斯)图片来源:《错误的同盟:吴庭艳、美国和南越的命运,1954—1963》。

---

① Edward Miller, *Misalliance*, p. 306.

据吴庭儒自己说,河内"乞求"就停火进行对话被自己拒绝,即使马内利恳求重新考虑也不行。文章见刊,陷这位波兰外交官于尴尬的境地,其只有公开否认此事,却更加证实了传言不虚:吴氏兄弟在跟河内接触,而且如马内利所言,吴庭儒"同时在弹奏许多键"。[1] 令人不解的并不在此,而是吴庭儒拒绝了马内利的提议,但对不久后印支国际监控委员会主席印度人兰歇德·高伯登(Ramchundur Goburdhun)的斡旋非常积极。高伯登认为越南的形势使得谋求中立不是没有可能,吴氏兄弟不会因为战争于他们严重不利就被迫同河内做交易,但他一直相信吴庭儒所谓战略村的成功,他还相信吴庭儒的保证,即把全部美国军事顾问撵出南越,奉行中立;基于这些条件,河内别无选择,只有跟西贡达成协议。为了促成这个结果,高伯登建议两边在新德里举行秘密会谈。[2] 吴庭艳派出亲

---

[1] Arthur Schlesinger, *Robert Kennedy and His Times*(阿瑟·施莱辛格:《罗伯特·肯尼迪和他的时代》), New York: Houghton Mlifflin, 1978, p.719.

[2] Edward Miller, *Misalliance*, p. 307.

信陈文定（Tran Van Dinh）赴新德里，陈的背景不仅如此，他从前也支持过越盟，帮助过革命力量把武器偷运到老挝。吴庭艳起用陈文定的用意再显然不过，九月和十月，他两次把陈从美国召回就是为讨论与北越的接触，他告诉陈说："河内固然希望一个真正的不结盟时期，而我们也可以受益。"①尽管此言得不到佐证，但不久陈文定即被调任新德里。然而，吴庭艳随后就被政变推翻，吴氏兄弟更死于非命，这条跟河内联系的新德里渠道戛然而止。当然，和马内利被拒一样，新德里渠道也不是吴氏兄弟依赖的唯一，他们宁愿亲自掌控高风险的谈判。1963年，吴庭儒好几次跟南越和外国官员提到，他正在和民解的主要领导人私下会晤。在跟瑙尔汀和英国人的各自谈话中，吴庭儒解释说，他一直试图劝说"奠边府代际"的革命者向南越投诚，否认这些接触是建立通向河内的"秘密渠道"，而是旨在通过招募一些民解最具能力的指挥官来

---

① Ellen J. Hammer, *A Death in November*, pp.269 - 270.

动摇民解。① 会见都是在西贡进行,但迹象表明还有其他地方。据20世纪60年代末70年代初南越一些记者和前吴庭艳政府人员描述,吴庭儒与之面对面会晤的劳动党高层,其中包括南方局成员,例如秘书长阮文林(Nguyen Van Linh)、劳动党政治局成员范雄(Pham Hung)和民解后来负责外事的陈宝剑(Tran Buu Kiem)等,会面地点有时在偏僻的山区或丛林,吴庭儒需要装成打猎的样子,也有的说顺化、达莱(Dalat)或潘朗(Phan Rang)都有可能被选为会面地点。遗憾的是,这些信息的详细材料至今不充分,近来开放的劳动党和北越档案文献关于这些会谈是否确有其事,参加者和会谈内容如何,仍无法作出回答。1964年2月,陈丽春在巴黎接受媒体采访,承认吴庭儒生前几个月同民解领导人接触过,她称是这些"叛乱者"主动发起的。② 陈丽春没有必要无

---

① FRUS,1961-1963,Vol. Ⅳ,Washington,D.C.:GPO,p.126.
② Edward Miller,*Misalliance*,p. 310.

中生有，捏造此事，也不可能记忆有误，这应当是迄今为止能证实上述接触的仅有的证据。

吴氏兄弟跟河内接触，华盛顿不可能不清楚，毕竟仅"中情局的活动就遍布南越的每个角落"，①国务院情报部门也报告，南越出现了"广泛而可信的传言"：吴庭儒宣称将同河内谈判寻找解决办法以对付美国人。华盛顿长期以来最担心的是"某个中立主义派别上台，与民族解放阵线达成妥协，把美国人请出去"。既然华盛顿从来就不肯在越南后退，那么，美国为了防止"最可怕的事"②出现而搞掉吴庭艳是完全可能的。美国要的不仅仅是他下台，资料表明，他的死与美国政府有直接关联。华盛顿明知暗杀吴庭艳是有可能的却从未表示反对，不仅如此，中情局可能也参与了谋杀。1967年4月，中情局督察长杰克·厄尔曼将他写的关于该局参与谋杀阴谋的调查报告

---

① 托马斯·鲍尔斯：《守口如瓶的人——理查德·赫尔姆斯和美国中央情报局》，第254页。
② 同上。

交给了时任局长赫尔姆斯,后者被报告吓得坐立不安,不是因为写得过于透彻和详尽,而是因为厄尔曼把这件事情白纸黑字地记录在案,本来支离破碎地分散在卷宗里的有关谋杀阴谋的记载,以及参与那些计划的官员的情况都在文件里汇总了,并且注上了日期和各人姓名。这种文件一旦泄露,"将会难以估量地损害中情局、两届总统以及美国的声誉",除了厄尔曼和他本人,赫尔姆斯不打算让任何别人看到这份报告,在压了几星期后还给了厄尔曼,并指示写报告用的材料全部要销毁,连一张纸片也不能留下。报告进了保险柜,就这样直到1973年,已成该局第三号人物的执行局长兼审计长科尔比得悉有这样一份报告。事关中情局的丑闻,科尔比让人写了一份关于该报告的报告,总共693页,称为"家庭珍宝",其中"最危险的一份特别附件"概述了1967年厄尔曼关于中情局参与暗杀特鲁希略、吴庭艳和卡斯特罗等阴谋活动的报告。①

---

① 托马斯·鲍尔斯:《守口如瓶的人——理查德·赫尔姆斯和美国中央情报局》,第399—400页。

几十年过去,两份报告至今无一公开。1971年,尼克松向赫尔姆斯索要吴庭艳的档案,这不是他第一次提出这样的要求,上任后不久,尼克松就要提取"猪湾"档案,后来一再追索。1971年9月,尼克松提出了更多的要求,范围广泛得多,赫尔姆斯给了总统几份档案,只是不肯给关于吴庭艳的。① 10月,尼克松又派人索取档案,赫尔姆斯坚持亲自交给总统,但他提供的不是厄尔曼报告里的内容(尼克松并不知道其存在),而是前任麦科恩关于杀害吴庭艳的报告,即使是这份文件也被封扣在尼克松的文件堆里。上述档案中有没有说明肯尼迪政府介入暗杀吴庭艳的文件目前仍未可知,但要说肯尼迪并不希望杀死吴庭艳则恐怕未必,至于为何事后对政变结果感到沮丧,乃至反应之强烈就只有肯尼迪本人才能知道了。三周后,肯尼迪遭到暗杀。

1963年美国推翻吴庭艳的政变并没有随着吴氏两

---

① 托马斯·鲍尔斯:《守口如瓶的人——理查德·赫尔姆斯和美国中央情报局》,第352页脚注2。

兄弟的死亡画上句号,科奈恩奉洛奇之命把吴庭瑾交给政变集团。1964年春,吴庭瑾被行刑队枪决,吴氏家族其他亲眷大多流亡海外。吴氏家族遭清洗使这场政变充满了杀戮和血腥,关于暗杀,政变集团11月3日这样告诉洛奇,"政变通常要导致伤亡"。① 数月后,杨文明直接这样告诉美国人:"我们别无选择,他们必须得死。不能让吴庭艳活着,因为他在农村头脑简单的、容易受骗的人,尤其是天主教徒和难民中太受尊重,我们必须杀掉吴庭儒是因为他让人如此恐惧。"②然而,杀掉吴庭艳甚至把吴氏家族从南越政治舞台上连根拔起并不能根本改变南越的社会历史环境,推翻他的这些人后来要么沦为别人的阶下囚,要么如丧家之犬般流亡,美国对越南的干涉继续升级,其打造的这块反共基地日益使越南南方丧失了整整一代人。

---

① Howard Jones, *Death of a Generation*, p.431.
② Ibid., p.435.

结　语

"认识自然界的物已很困难，要认识人文界的客体，特别是一位基于政治需要，必须做许多明明暗暗行为的政治人物，其困难又不可以道里计了"，台湾作家江南在《蒋经国传》里的这段话较为恰当地道出了把握历史人物的一种评价标准。

吴庭艳不是美国塑造出来的亚洲政治精英和领袖（尽管美国希望如此），正因为不是，在经历百年殖民统治的社会土壤之上，他的命运从开始就蒙上了悲剧色彩。吴庭艳是一个充满矛盾的人物，美国人笔下，批评之、赞美之，无一不出于美国自身利益考虑，美国话语背景下的吴庭艳形象是不完整的。不管如何评价吴庭艳和他的统治，最应明确的一点就是，他首先是一个民族主义者，此其一。其二，我们应重新思考吴庭艳政权的宗教政策等既定观点，破除美国话语权，重建越战史新的解释体系或话语体系。其三，美国中央情报局的活动方式、手段一贯破坏性较强，但如佛教徒运动中这般残忍实属罕见。20世纪70年代初，美国国会对中情局的所谓"非法活动"开展调查，国内舆论界也掀起了揭其老底的运动，这正始自中情局在南越执行的隐蔽行动。其四，吴庭艳政权是美国推翻的，美国虽没有公开承认，关于暗杀吴庭艳至今还是谜，但其为什么颠覆吴庭艳和怎样操纵这场政变的事实已然非常清楚。其五，美国自诩和老牌殖民主义统治不同，但事实上，它所谓的使命、自由给越南造成的创伤有过之而无不及，美国根本不是它标榜得那么无辜，更谈不上高尚，抛弃吴庭艳的傲慢、冷酷更是一览无余。当他们铺天盖地地大谈"悲剧"论调时，从未想起过越南那支离破碎的山河，想起他们各种新式武器、刑具所制造的无尽苦难。

参考文献

一、英文资料

（一）著作

1. Arthur Schlesinger, *Robert Kennedy and His Times*, New York: Houghton Mlifflin, 1978.

2. Bao Dai, *Le Dragon d'Annam*, Paris: Plon, 1980.

3. Bernard Fall, *The Two Vietnams: A Political and Military Analysis*, 2nd rev. ed., New York: Praeger, 1968.

4. David Ekbladh, *The Great American Mission*,

Princeton, NJ: Princeton University Press, 2009.

5. Edward G. Lansdale, *In the Midst of Wars: An American's Mission to Southeast Asia*, New York: Fordham University Press, 1991.

6. Edward Miller, *Misalliance: Ngo Dinh Diem, the United States, and the Fate of South Vietnam*, Cambridge, MA: Harvard University Press, 2013.

7. Ellen J. Hammer, *A Death in November: America in Vietnam, 1963*, New York: Dutton, 1987.

8. Frederick Nolting, *From Trust to Tragedy: The Political Memoirs of Frederick Nolting, Kennedy's Ambassador to Diem's Vietnam*, New York: Praeger, 1988.

9. Gabriel Kolko, *Anatomy of War*, New York: Pantheon Books, 1985.

10. Leslie Gelb and Richard Betts, *The Irony of Vietnam: The System Worked*, Washington, D. C.:

Brookings Institution Press,1979.

11. George Kahin,*Intervention: How America Became Involved in Vietnam*,New York,1986.

12. Howard Jones,*Death of a Generation: How the Assassinations of Diem and JFK Prolonged the Vietnam War*,New York: Oxford University Press,2003.

13. J. M. Newman,*JFK and Vietnam: Deception, Intrigue, and Struggle for Power*,New York: Grand Central Pub,1992.

14. Joseph G. Morgan,*The Vietnam Lobby: The American Friends of Vietnam, 1955 – 1975*,Chapel Hill & London: The University of North Carolina Press,1997.

15. Kenneth P. O'Donnell and David F. Powers,*Memories of John Fitzgerald Kennedy*,Boston: Little Brown,1970.

16. Lawton Collins,*Lightning Joe: An Autobiog-*

raphy, Baton Rouge: Louisiana State University,1979.

17. Lewis Walinsky ed., *Agrarian Reform as Unfinished Business: The Selected Papers of Wolf Ladejinsky*, New York: Oxford University Press, 1977.

18. Marguerite Higgins, *Our Vietnam Nightmare*, New York: Harper & Row, 1965.

19. Mark Moyar, *Triumph Forsaken: The Vietnam War, 1954 - 1965*, New York: Cambridge University Press, 2006.

20. Neil Sheehan, *A Bright Shining Lie: John Paul Van and America in Vietnam*, New York: Random, 1988.

21. Nick Cullather, *The Hungry World: America's Cold Battle Against Poverty in Asia*, Cambridge, MA: Harvard University Press, 2010.

22. Odd Arne Westad, *The Global Cold War: Third World Interventions and the Making of Our*

Times, New York: Cambridge University Press, 2005.

23. Philip Catton, *Diem's Final Failure: Prelude to America's War in Vietnam*, Lawrence: University of Kansas Press, 2002.

24. Richard Critchfield, *The Long Crusade: Political Subversion in the Vietnam War*, New York: Harcourt, Brace&World, 1968.

25. Robert McMahon, *Major Problems in the History of the Vietnam War*, Lexington: D.C. Heath, 1990.

26. Robert Shaplen, *The Lost Revolution*, New York: Harper & Row, 1965.

27. Robert Topmiller, *The Lotus Unleashed: The Buddhist Peace Movement in South Vietnam, 1964 – 1966*, Lexington, KY: The University of Kentucky Press, 2002.

28. Roger Hilsman, *To Move a Nation: The Politics of Foreign Policy in the Administration of*

John F. Kennedy, New York: Delta Books, 1967.

29. Seth Jacobs, *America's Miracle Man in Vietnam*, Durham: Duke University Press, 2004.

30. Seth Jacobs, *Cold War Mandarin: Ngo Dinh Diem and the Origins of America's War in Vietnam, 1950-1963*, Washington D.C.: Rowman & Littlefield Publishers, Inc., 2006.

31. William Colby, *Lost Victory: A Firsthand Account of America's Sixteen-Year Involvement in Vietnam*, Chicago: Contemporary Books, 1989.

32. William Duiker, *The Communist Road to Power in Vietnam*, Boulder: Westview Press, 1981.

33. William Prochnau, *Once upon a Distant War*, New York: Crown, 1995, p.344.

(二) 论文

1. David Anderson, "Vietnam War Should Be Enough and Other Reflections on Diplomatic History

and the Making of Foreign Policy", *Diplomatic History*, Vol.30, No.1, 2006.

2. David Hunt, "Untitled Review", *The American Historical Review*, Vol.101, No.2, 1996.

3. Gary Hess, "The Military Perspective on Strategy in Vietnam: Harry G. Summers's on Strategy and Bruce Palmer's the 25-Year War", *Diplomatic History*, Vol.10, No.2, 1986.

4. George Herring, "Lyndon Johnson's War?" *Diplomatic History*, Vol.21, No.4, 1997.

5. George Herring, "'Peoples Quite Apart': Americans, South Vietnamese, and the War in Vietnam", *Diplomatic History*, Vol.14, No.1, 1990.

6. George Rosen, "Wolf Ladejinsky (1899 – 1975)", *The Journal of Asian Studies*, Vol. 36, No.2, 1977.

7. James McAllister, "'Only Religions Count in Vi-

etnam': Thich Tri Quang and the Vietnam War", *Modern Asian Studies*, Vol.42, No.4, 2008.

8. Lien-Hang T. Nguyen, "Reviewed Work(s): A Bitter Peace: Washington, Hanoi, and the Making of the Paris Agreement by Pierre Asselin", *The Journal of Asian Studies*, Vol.63, No.1, 2004.

9. Mark Moyar, "Political Monks: The Militant Buddhist Movement During the Vietnam War", *Modern Asian Studies*, Vol.38, No.4 2004.

10. Matthew Connelly, "Taking Off the Cold War Lens: Visions of North-South Conflict During the Algerian War for Independence", *American Historical Review*, Vol.105, No.3, 2000.

11. Nguyen Thai, "The Government of Men in the Republic of Vietnam", cited from Fremces Fitzgerald, *Fire in the Lake: The Vietnamese and the Americans in Vietnam*, New York: Vintage Books, 1972.

12. Robert Divine,"Vietnam Reconsidered",*Diplomatic History*,Vol.12,No.1,1988.

13. Seth Jacobs, "Our Man Diem, How America Came to Back South Vietnam's Depised and Doomed President", *America's Miracle Man in Vietnam：Ngo Dinh Diem，Religion，Race，and U. S. Intervention in Southeast Asia*,Durham：Duke University Press,2004.

(三)档案文献

1. The State Department, Government of the United States, *The Foreign Relations of the United States Series (FRUS)*

FRUS,1951,vol. Ⅵ；

FRUS,1955 - 1957,vol. Ⅰ；

FRUS,1958 - 1960,vol. Ⅰ；

FRUS,1961 - 1963,vol. Ⅰ；

FRUS,1961 - 1963,vol. Ⅱ；

FRUS,1961 - 1963,vol. Ⅲ；

FRUS,1961–1963,vol. Ⅳ.

2. Lyndon B. Johnson Presidential Library(LBJL), National Security Files, Countries-Vietnam (NSF, VNCF),box 3,vol.7;

LBJL,NSF,VNCF,box 7,vol.16;

LBJL,NSF,VNCF,box 15,vol.31;

LBJL,NSF,VNCF,box 17,vol.34;

LBJL,NSF,VNCF,box 29,vol.50;

LBJL,NSF,VNCF,box 34,vol.56.

3. John F. Kennedy Presidential Library(JFKL)

JFKL,NSF,VNCF,1961;

JFKL,NSF,VNCF,1963;

JFKL,NSF,VNCF,boxes 198–199;

JFKL,NSF,VNCF,boxes 200–201;

JFKL,Roger Hilsman Paper.

4. Dwight David Eisenhower Presidential Library (DDEL)

DDEL,Collins Papers.

5. U. S. Declassified Documents Online, tinyurl.galegroup.com/tinyurl/4CAkh7,accessed 7 Jan. 2017.

6. U. S. Declassified Documents Online, tinyurl.galegroup.com/tinyurl/4CAoC9. accessed 7 Jan. 2017.

7. U. S. House of Representatives, HR No.1142, "Land Reform in Vietnam", Washington D. C.: GPO,1968.

8. "1963 – 1965: CIA Judgments on President Johnson's Decision to 'Go Big in Vietnam'", http://www.cia.gov/library/center-for-the-study-of-intelligence/csi-publications/books-and-monographs/cia-and-the-vietnam-policymakers-three-episodes-1962 – 1968/index.html.

9. Vietnamese Council, Confidential Files, 1953 – 51, CIA-P-48657.

10. Pentagon Papers, Gravel Edition Vol.2, Chapter

4,"Overthrow of Ngo Dinh Diem, May – November, 1963".

11. Pentagon Papers-part IV-B-5, Evolution of the War: The Overthrow of Ngo Dinh Diem.

12. British Documents on Foreign Affairs: Reports and Papers From the Foreign Office Confidential Print, Part Ⅴ(1951 – 1956), Series E, Asia 1955, Vol.9.

13. Clayton D. Laurie and Andres Vaart, "Indochina—in Support of a Colonial Power, 1945 – 1954", *Studies in Intelligence*, Sept. 2016, CIA and the Wars in Southeast Asia 1945 – 1975.

14. Thomas L. Ahern Jr., *CIA and the House of Ngo: Covert Action in South Vietnam, 1954 – 1963*, Washington D.C.: Center for the Study Intelligence, 2009.

15. Thomas L. Ahern Jr., "The CIA and the Government of Ngo Dinh Diem", *Intelligence Study*, 2014/07/29 C00622834.

二、中文资料

1. 蔡佳禾:《亚洲冷战与冷战后国际问题》,南京大学出版社,2019年。

2. [美]德怀特·D.艾森豪威尔著:《艾森豪威尔回忆录(二)》,樊迪、静海等译,东方出版社,2007年。

3. [美]亨利·莫尔:《越战前后目击记》,金质尚译,华文出版社,1990年。

4. 刘雪梅:《神秘的第三只手——二十世纪美国情报机构绝密行动》,东方出版社,2005年。

5. [美]马克斯韦尔·泰勒:《剑与犁——泰勒回忆录》,商务印书馆,1981年。

6. 时殷弘:《美国在越南的干涉和战争》,世界知识出版社,1990年。

7. [英]特里·伊格尔顿:《马克思为什么是对的?》,李杨、任文科、郑义译,新星出版社,2011年。

8. [美]托马斯·鲍尔斯:《守口如瓶的人——理查

德·赫尔姆斯和美国中央情报局》,群众出版社,1985年。

9.［美］威廉·曼彻斯特:《光荣与梦想:1932—1972美国社会实录》下卷,广州外国语学院美英问题研究室翻译组、朱协译,海南出版社、三环出版社,2004年。

10. 新华通讯社译名室主编:《世界人名翻译大辞典》(修订版),中国出版集团、中国对外翻译出版公司,2007年。

11. 辛华编:《英语姓名译名手册》(修订本),商务印书馆,1983年。

12. 陈波:《〈五角大楼文件〉中的1963年南越军事政变》,《军事历史研究》,2016年第1期。

13. 程晓燕:《美国越战研究的学派分野》,《史学月刊》,2017年第9期。

14. 李连广:《论南越吴庭艳政权的倒台及其对美国冷战政策的影响》,《武汉大学学报(人文科学版)》,第64卷第5期,2011年9月。

15. 张纬经:《美国媒体与吴庭艳政权的覆灭》,《东北师大学报(哲学社会科学版)》,2010年第2期。

后 记

面前的这本小书有幸成为南京大学亚太发展研究中心石斌教授主编的"美国海外隐蔽行动研究系列"丛书中的一本,今完成之际,不禁想起四年前拙作《以小搏大——越美巴黎谈判(1968—1973)》出版时的一个念头,当时我就想何时能就越南战争再写些东西。不久,这个机会竟真的来了。因平日较为关注越战史学,对吴庭艳这个人物有了兴趣。他作为越南国家历史的关键人物,长期以来被忽视,有关研究晚近才出现,贬损或美化都是极端的意见。更重要的是,吴庭艳是被美国操纵的政变推翻的,他本人惨死。美国在越南的干涉战争至今仍在"撕裂美国社会",对越南而言更是一场影响越南国家的社会、经济、政治事件。把 1963 年南越政变放到这个时代背景中加以揭示,我相信不仅有助于公正客观地评价吴庭艳,而且会进一步加深对越南人民抗美战争的理解。近年来,国内学界围绕美国海外隐蔽行动的探讨越来越显著,既有宏观的研究,也有具体的揭示,取得了一些较有影响的成果。对美国视为服务于其外交政策的这一特殊工具,我们不应仅仅关注其揭示的新的研究方向,而且应当重视一种经验性概括。这两个方面都是促使我撰写此书的原因。

在搜集有关材料的过程中,我的师弟高健芝给予了重要且及时的帮助,他当时还未从南大毕业,繁忙之中不辞劳苦地为我查找资料,不久前他已就职于南京中医药大学,在此祝贺并致以衷心的感谢。非常感谢我的同事朱振华老师提供越语、程水英老师给予法文翻译方面的指导,我校越南留学生阮重辉也做了一些同样的工作。

本书得到了南京大学历史系舒建中教授的关心,在此深表谢意。同样我要特别感谢南京大学出版社官欣欣编辑不辞劳苦为书稿修改润色。同时,我要向出版社那些为本书出版默默付出的老师们表示衷心的谢意。还要感谢我的先生代兵博士,我们是志同道合的战友。最后要非常感谢石斌教授,是他的耐心才让我得以最终成稿。

书中英语人名翻译根据商务印书馆《英语姓名译名手册》,个别其中没有的根据新华通讯社译名室《世界人名翻译大辞典》;越南人名翻译根据新华通讯社译名室《世界人名翻译大辞典》。最后不得不说的是,尽管我已竭力,但力所不逮,水平和材料有限,切盼学界同仁和读者批评指正,书中谬误疏漏完全归于我个人。

程晓燕

2019.12 于南京

图书在版编目(CIP)数据

美国颠覆吴庭艳政权的隐蔽行动 / 程晓燕著.
—南京:南京大学出版社,2020.10(2022.4重印)
(南大亚太论丛 / 石斌主编. 美国海外隐蔽行动研究系列)
ISBN 978-7-305-23700-3

Ⅰ.①美… Ⅱ.①程… Ⅲ.①情报活动-史料-美国
②越南共和国-史料 Ⅳ.①D771.236②K333.59

中国版本图书馆 CIP 数据核字(2020)第 161075 号

出版发行	南京大学出版社		
社　　址	南京市汉口路 22 号	邮　编	210093
出 版 人	金鑫荣		

丛 书 名　南大亚太论丛·美国海外隐蔽行动研究系列
主　　编　石　斌
书　　名　美国颠覆吴庭艳政权的隐蔽行动
著　　者　程晓燕
责任编辑　官欣欣

照　　排　南京紫藤制版印务中心
印　　刷　南京爱德印刷有限公司
开　　本　787×1092　1/32　印张 13　字数 170 千
版　　次　2020 年 10 月第 1 版　2022 年 4 月第 2 次印刷
ISBN 978-7-305-23700-3
定　　价　58.00 元

网址:http://www.njupco.com
官方微博:http://weibo.com/njupco
官方微信号:njupress
销售咨询热线:(025)83594756

* 版权所有,侵权必究
* 凡购买南大版图书,如有印装质量问题,请与所购
  图书销售部门联系调换

"南京大学亚太发展研究中心"简介

"南京大学亚太发展研究中心"是由"南京大学亚太发展研究基金"定向全额资助的一个对大亚太地区进行全方位、多层次、跨学科研究的机构。它致力于承担学术研究、政策咨询、人才培养、社会服务与国际交流等功能。依托亚太发展研究中心设立的"南京大学亚太经济合作组织研究中心"是教育部国别与区域研究备案研究机构。

该中心是国内首家以"发展"为关键词命名的综合性地区研究机构,秉持"立足中国、面向亚太、辐射全球"的开放理念,旨在探讨亚太及全球"政治发展"、"经济发展"与"社会发展"诸领域的重要议题,彰显"和平发展"与"共同发展"的价值取向,弘扬"人类命运共同体"这一崭新的全球价值观。

"中心"定期主办"钟山论坛"(亚太发展年度论坛)、"励学讲堂"等学术论坛,旨在推动国内外学界、政府、企业、社会之间的对话与交流。

"中心"主办的出版物有《南大亚太论丛》、《南大亚太译丛》等系列丛书,《南大亚太评论》、《现代国家治理》、《人文亚太》、《亚太艺术》等学术成果。此外还有《工作论文》、《调研报告》、《工作通讯》等多种非正式刊物。

通信地址:江苏省南京市仙林大道 163 号南京大学仙林校区圣达楼 460 室南京大学亚太发展研究中心(210023)
电子邮箱:zsforum@nju.edu.cn
电话、传真:025 - 89681655
中心网址:https://www.capds.nju.edu.cn
微信公众号:CAPDNJU

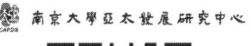

微信号:CAPDNJU

本土关怀暨世界眼光　　科学与人文并举
秉持严谨求实之学风　　学术与思想共生
倡导清新自然之文风　　求真与致用平衡